CÓMO PROTEGER TU DINERO ANTE LA DEVALUACIÓN

Descubre como Sobrevivir la Devaluación de las
Monedas y a Hacerle Frente a la Inflación

ISAIAH CALDWELL

Índice

Introducción

"Cuanto más cambian las cosas, más permanecen igual".

Pero, ¿se aplica esto a la inflación?

No hemos visto una Inflación económica seria desde los años 70, cuando los tipos de interés llegaron a la adolescencia; los precios de los consumidores y de las materias primas se dispararon de forma increíble.

¿Por qué?

¿Qué es lo que está pasando realmente? ¿No nos espera una verdadera inflación?

¿Es posible que la Reserva Federal realmente la haya frenado con una tremenda flexibilización cuantitativa e impresión de dinero?

¿Cuál es su relación con la devaluación? ¿Cómo podemos protegernos ante ella?

O es que en realidad estamos en un ciclo deflacionario y todas las acciones de la Reserva Federal para incurrir en la inflación simplemente nos están manteniendo estables.

Como pequeño inversor, definitivamente quiero la deflación, ya que es cuando el dólar aumenta su valor y los precios de los activos se desploman, permitiendo así a los inversores de la "calle principal" comprar finalmente activos a precios de ganga (bienes raíces, acciones, materias primas, artículos personales, tierras, etc.)

¿Alguna vez has tenido la sensación de que los comestibles son cada vez más caros, así como otras cosas comunes que compramos a diario?

¿Tiene la sensación de que alguien le está grabando en secreto cuando compra artículos comunes? ¿Por qué todo es cada vez más caro? ¿Quién y qué lo provoca?

Los alimentos, los precios de la vivienda, los alquileres, la tecnología, el gas, los servicios públicos, la ropa, las inversiones, las acciones, los metales, las materias primas; todas estas cosas se ven afectadas por la Inflación Económica.

En este libro exploraremos cómo se produce, quién se beneficia de ella y cómo puede beneficiarse y protegerse de ella.

La INFLACIÓN es a menudo creada por diseño y a propósito por los bancos y los gobiernos. Beneficia a los muy ricos y a los gobiernos, pero diezma a las clases medias y a las pequeñas empresas.

La historia se repite una y otra vez. Sin duda, la inflación monetaria volverá. ¿Pero será como en el pasado? Probablemente no.

En cierto modo, la inflación ya está aquí. Sólo está en ciertos activos, como las acciones y los bienes inmuebles.

Nuestro mundo está cambiando a un ritmo acelerado cada día. Esto significa que usted debe ser capaz de hacer pivotar sus estrategias de inversión y financieras rápidamente y ser capaz de adaptarse a los cambios de las economías a medida que se producen.

La inflación puede robarle su dinero, es un impuesto oculto de los gobiernos diseñado para sacar su dinero de sus cuentas bancarias y bolsillos, mediante el aumento de los precios de los activos y la disminución del poder adquisitivo del dólar estadounidense.

¿Hay formas de protegerse contra esto?

SÍ, pero debe poner en práctica estas estrategias lo antes posible y de forma muy estratégica.

¿Cómo se puede ganar dinero en un entorno económico inflacionista?

Hay muchas técnicas que puede utilizar, desde bonos, acciones, ciertas clases de bienes raíces e incluso la compra y venta de bienes de consumo.

Como habrá oído, lo peor que puede hacer es dejar su dinero en una cuenta corriente sin hacer nada. Las cuentas de ahorro se esfuman en épocas de inflación. Tiene que hacer que su dinero trabaje para usted.

La realidad 80/20 de la inflación económica

¿Cuáles son los peores resultados de la inflación económica?

1. El valor del dólar disminuye drásticamente.
2. El poder adquisitivo del dólar cae en todo el mundo.
3. Las exportaciones disminuyen, las importaciones aumentan.
4. Los precios de los activos duros aumentan.
5. Los precios de las acciones aumentan.
6. Los precios de las materias primas aumentan.
7. Los tipos de interés suelen subir para detener la inflación, a no ser que el gobierno quiera la inflación.
8. Los impuestos aumentan.
9. Los alquileres aumentan.
10. Aumenta el precio de la vivienda.
11. Aumentan los precios del gas y del petróleo.
12. Los precios de los alimentos aumentan.
13. La clase media se destruye.

14. Sólo quedan los ricos y los pobres.

¿Cuáles son los beneficios ocultos de la inflación económica?

1. Las deudas se pagan más rápido.
2. Las hipotecas y las deudas disminuyen su saldo más rápidamente.
3. Los vendedores de inmuebles consiguen precios más altos.
4. Los vendedores de acciones ganan en ciertos sectores.
5. Las cuentas bancarias con altos intereses pueden estar disponibles, si los tipos de interés son aumentados por el gobierno.
6. Los propietarios obtienen alquileres más altos, pero también gastos más elevados.

La inflación explicada de forma sencilla

La inflación es la tasa a la que una moneda experimenta una disminución de su poder adquisitivo. En la mayoría de las economías se produce a lo largo de un periodo prolongado. Sin embargo, hay ejemplos de tasas de inflación muy elevadas en períodos cortos, conocidos como hiperinflación. Los economistas sostienen que la inflación es casi siempre el resultado de un aumento excesivo de la oferta monetaria en una economía.

La población en general siente la inflación por el aumento de los precios de los bienes que compra. Cosas como los comestibles, el combustible y los servicios públicos se encarecen durante el tiempo en que una economía experimenta la inflación. Cada unidad de la moneda de esa economía pierde su valor en términos de lo que la gente puede cambiar por ella. Cuando las economías siguen sufriendo tasas de inflación relativamente altas durante largos periodos, la gente puede permitirse menos cosas. Si tienen dinero ahorrado en cuentas bancarias sin intereses, el valor de sus ahorros también disminuye.

¿Qué es la devaluación?

La devaluación es la pérdida de valor de una moneda con respecto a otra.

Esta pérdida de valor se puede producir por múltiples motivos, como por ejemplo el aumento de la masa monetaria, es decir, si aumenta el número de billetes y monedas de un país, se aumenta la oferta y eso provoca una pérdida de valor en la moneda, con respecto a otra moneda.

En el mundo anglosajón, devaluación se suele utilizar para referirse a una depreciación de la moneda que ha sido provocada. Esto lo puede hacer el Banco Central que controla dicha moneda, disminuyendo el valor nominal de la moneda con respecto a otras monedas extranjeras.

Esto lo hace normalmente con la impresión de más billetes e inyectándolos en el sistema financiero. Mientras que la depreciación la utilizan para referirse a la variación del precio de las divisas en el mercado financiero (provocada por la ley de la oferta y la demanda).

Lo contrario a devaluación es revaluación y lo contrario a depreciación es apreciación.

Es importante diferenciar entre devaluación y depreciación. La depreciación es una disminución del valor nominal de un bien, mientras que la devaluación se refiere exclusivamente a la depreciación de valor de una moneda con respecto a otra.

¿Qué causa la inflación?

Cuando hay más dinero disponible, y la cantidad de bienes sigue siendo la misma, la demanda de dinero será menor y se aplicará la economía básica. Ahora, la gente estará dispuesta a pagar más dinero por el mismo artículo, lo que provocará un aumento del precio de ese artículo. Un aumento de la oferta global de dinero significaría que los compradores pueden pagar más por las mismas cosas en general. Como resultado, se produce un aumento en el precio de los artículos, y la economía experimentará inflación. Se trata de un desequilibrio entre el dinero que requiere una economía para sus necesidades comerciales y la cantidad de dinero suministrada. Cabe mencionar que para que se produzca la inflación tiene que producirse un aumento global y sostenido de los precios. Una subida singular de los precios debida a la demanda no apunta a la inflación.

Aunque la mayoría de los economistas están de acuerdo en que el aumento de la oferta monetaria es la razón principal de la inflación, hay tres factores clave que la provocan cuando la oferta de dinero aumenta.

Efecto de la demanda

Este fenómeno se produce cuando la población tiene de repente mucho más dinero para gastar.

Naturalmente, la demanda de artículos aumenta. Cuando esta demanda no es satisfecha por los fabricantes y productores de bienes, la demanda de artículos aumenta, haciendo que la demanda haga subir los precios.

Efecto de empuje de los costes

Este efecto se produce cuando el efecto de atracción de la demanda se aplica a bienes intermedios como el petróleo, los servicios públicos y otras materias primas. Como los minoristas tienen en cuenta estos costes cuando fijan el precio de sus productos, un aumento de su precio provoca un aumento del precio de los productos acabados.

Inflación incorporada

Este efecto es el resultado de una economía que ha estado experimentando inflación durante mucho tiempo. Los empresarios aumentan sus salarios para adaptarse a las tendencias. Cuando sus salarios aumentan, el coste de la mano de obra aumenta para los productores y fabricantes. Esto provoca un aumento del precio de los productos acabados.

Es importante entender qué es la inflación. No es tan fácil de definir como mucha gente podría imaginar.

De hecho, hay varias definiciones aceptadas y esto puede dar lugar a malentendidos, sobre todo si se empieza a intentar comprender la economía que hay detrás.

La inflación y la teoría de la oferta monetaria

ESTE CAPÍTULO EXAMINA la explicación más común de la inflación, es decir, que está relacionada con la expansión de la oferta monetaria. Se revisan las pruebas de la teoría y se explica exactamente cómo se supone que funciona.

Si se pregunta a la mayoría de los economistas qué causa la inflación, probablemente mencionarán que está relacionada con la cantidad de dinero en circulación. Como ejemplo, pueden pedirle que imagine un mundo sencillo de panaderos y cerveceros. Podría haber cinco panaderos y cinco cerveceros que se vendieran mutuamente un pan y una pinta de cerveza cada día. Cada uno cuesta 1 libra en monedas de oro.

La riqueza total del mundo es de 10 libras. Ahora imagina qué pasaría si se encuentran otras 10 libras en monedas de oro y todo el mundo recibe una parte de ellas.

. . .

La cantidad de dinero en el mundo se ha duplicado de repente a 20 libras, pero sigue habiendo sólo 5 panes y 5 pintas de cerveza que se fabrican cada día. Todo el mundo se siente un poco más rico pero lo único que pueden comprar es pan y cerveza. Como la gente cree que tiene más dinero, todos intentan superar la oferta de los demás para conseguir provisiones adicionales. Rápidamente, los precios de todo el pan y la cerveza aumentan hasta que cuestan alrededor de 2 libras y se vuelve a alcanzar un nuevo equilibrio. Con 1 libra en monedas de oro ahora sólo se puede comprar media barra de pan o media pinta de cerveza.

Este es un ejemplo sencillo de la teoría que subyace a la relación entre la oferta monetaria y la inflación. En la vida real, es mucho más complejo y los precios pueden tardar mucho tiempo en alcanzar el nuevo equilibrio, por lo que la relación no siempre es tan visible como sugiere la teoría. Sin embargo, hay pruebas sólidas de que la teoría se mantiene a medio plazo, como se verá a continuación.

Historia de la teoría

Se han observado fuertes subidas de precios en muchos períodos de la historia antigua, desde la antigua Babilonia hasta el Imperio Romano. Un periodo especialmente prolongado de subida de precios en todo el mundo se produjo en el siglo XVI y principios del XVII.

. . .

En esa época, el dinero se definía en Europa en términos de metales preciosos. Se emitían monedas de plata y oro como principal medio de cambio. Esa época fue la de Cristóbal Colón y el gran descubrimiento de las Américas. Lo más importante que se saqueó del Nuevo Mundo y se trajo a Europa fueron grandes cantidades de oro y plata. Esto hizo que ciertos países y financieros se enriquecieran mucho, ya que la riqueza se definía en términos de metales preciosos. Por tanto, la cantidad de dinero que circulaba en Europa aumentó.

Al mismo tiempo, los precios subían en Europa y muchos estudiosos empezaron a sugerir las razones por las que esto ocurría. Entre ellos estaba el famoso astrónomo Copérnico. Fue uno de los primeros en proponer la teoría de que el aumento de los precios estaba relacionado con el aumento de la oferta monetaria.

La fórmula clave

En su forma más simplificada, estudiosos como Copérnico afirmaron que los precios (P) varían en proporción a la oferta de dinero (M), es decir, $P \propto M$.

Teoría cuantitativa del dinero

. . .

Desde entonces se han propuesto muchos desarrollos y variantes de la teoría de Copérnico. Probablemente las más notables fueron en 1848, cuando John Stewart Mill propuso formalmente la "teoría cuantitativa del dinero" y elaboró la "ecuación del intercambio". Demostró que la fórmula simple sólo es aplicable si el tamaño de la economía es estable (es decir, el PIB es constante) y no ha habido cambios en el número de veces que la gente gasta el dinero durante ese periodo, es decir, los niveles de ahorro y de gasto de la gente no han subido ni bajado.

La fórmula completa que propuso fue la siguiente $MV=PQ$.

Intentaré traducir esta jerga en palabras que puedan tener más sentido. Lo que dice es que, en cualquier periodo de tiempo, la oferta monetaria (M) multiplicada por el número de veces que la gente utiliza ese dinero (V) es igual a los precios medios (P) multiplicados por el valor total de todos los bienes que producimos en ese tiempo, es decir, el PIB (Q).

El aspecto difícil es el número de veces que la gente utiliza el dinero, o la "velocidad del dinero", como se conoce.

Esto tiene que ver con los niveles de ahorro y gasto. La idea básica que subyace a esta calificación es que, si mucha gente ahorra dinero, menos gente comprará bienes. Al menos durante un tiempo, se fabricarán demasiados bienes en relación con los compradores. Por lo tanto, los vendedores se verán obligados a bajar los precios al competir por el negocio que queda. La situación inversa también se produce cuando el ahorro disminuye y los niveles de gasto aumentan en una economía, es decir, los precios suben.

Pruebas de la teoría

Los defensores de la teoría (llamados monetaristas) pueden señalar muchos ejemplos más recientes que los de los siglos XVI y XVII en los que la impresión excesiva de dinero aparece directamente vinculada a niveles crecientes de inflación. El más tristemente célebre fue durante la República de Weimar, en Alemania, a principios de la década de 1920.

De hecho, si se examina el aumento a largo plazo de la inflación en el Reino Unido desde 1900, está fuertemente correlacionado con el crecimiento de la oferta monetaria.

El siguiente gráfico muestra un índice de precios del Reino Unido desde 1900 y lo compara con un índice de la oferta monetaria del Reino Unido. (Para satisfacer la ecuación de cambio, se ha hecho una deducción de la oferta monetaria por el dinero extra necesario debido a nuestra economía en expansión, es decir, el índice es la oferta monetaria menos el PIB.

. . .

Algunos problemas con la teoría

Lo que el gráfico anterior también ilustra es que los cambios en la oferta monetaria no siempre se reflejan directamente en los precios de los bienes y servicios. De hecho, ambos pueden ir durante muchos años o incluso décadas en direcciones opuestas. Esto se debe, en parte, a los cambios en el deseo de la gente de ahorrar o gastar (es decir, la velocidad del dinero) y, en parte, a que el dinero recién creado no siempre fluye directamente hacia los bienes y servicios.

Nadie dice a la población que la oferta monetaria ha aumentado. La primera respuesta a un aumento de la oferta monetaria suele ser que la gente ahorre, por lo que efectivamente se mantiene la misma cantidad de dinero en circulación. Por lo tanto, los precios tampoco cambian inmediatamente. A medida que ese dinero se va extendiendo por la economía, va entrando más y más en circulación. Entonces los precios suben. Además, la oferta monetaria y la velocidad del dinero suelen estar correlacionadas. A medida que la oferta monetaria aumenta, la velocidad del dinero sube (y viceversa en una recesión), por lo que los cambios en los precios pueden ser mayores de lo que los cálculos de la oferta monetaria podrían predecir por sí solos.

. . .

Para complicar aún más las cosas, este proceso depende en gran medida del destino de los aumentos de la oferta monetaria (es decir, en los precios al por menor o en los precios de los activos) y más en general, depende del sentimiento de los consumidores y del estado del clima y del ciclo económico. Por lo tanto, no es sorprendente que a menudo haya poca sincronización a corto plazo entre la oferta monetaria y la inflación. Esto queda claramente ilustrado en los datos del Reino Unido de los últimos años.

Ha habido poca correlación entre el aumento de la oferta monetaria en el Reino Unido y la inflación al por menor en los veinte años transcurridos entre 1992 y 2012.

Muchos economistas reconocen ahora que los cambios en la oferta monetaria no predicen la inflación al por menor en períodos de corto plazo o en entornos de baja inflación. En un documento reciente en el que se examina la correlación en el mundo real entre la oferta monetaria y la inflación de todos los países entre 1969 y 1999, se llega a la siguiente conclusión.

"Esta fuerte relación entre la inflación y el crecimiento monetario se debe casi en su totalidad a la presencia de países con alta inflación o hiperinflación en la muestra.

. . .

La relación entre la inflación y el crecimiento del dinero para los países con baja inflación (una media inferior al 10% anual durante 30 años) es débil, si no inexistente."

Oferta monetaria e inflación de los precios de los activos

Pero lo que estos análisis simplistas de la teoría monetaria pasan por alto es la complejidad de la inflación. Para comprenderla, hay que entender exactamente cómo se expande la oferta monetaria. El dinero se crea normalmente en una economía cuando los bancos privados conceden préstamos a particulares o empresas. Normalmente, este dinero se utiliza primero para especular o para comprar activos, por ejemplo, casas, empresas/acciones, bonos, materias primas (o derivados más complejos de ellas). Normalmente no se crea para gastarlo directamente en la economía en bienes y servicios, aunque normalmente acaba allí.

Por lo tanto, cuando la oferta monetaria se expande, como ocurrió notablemente durante los años 80 y las décadas siguientes en el Reino Unido, crea una inflación en los activos para los que el dinero se utiliza en primer lugar.

Esta llamada "inflación del precio de los activos" se ilustra claramente en el siguiente gráfico con datos del Reino Unido.

· · ·

¿Dos ofertas monetarias distintas? ¿Dos inflaciones distintas?

Lo que es clave para entender la teoría cuantitativa del dinero en relación con la inflación y la oferta monetaria es que afecta a dos economías separadas: la riqueza (es decir, los precios de los activos) y el gasto de los consumidores (es decir, los precios de los bienes y servicios). El dinero fluye entre estas dos economías. Por ejemplo, cuando alguien vende una casa y gasta los ingresos en la economía real en bienes y servicios como vacaciones o atención sanitaria, está transfiriendo dinero de una economía a la otra. Del mismo modo, cuando ahorra su salario en una pensión, el dinero se transfiere en la dirección opuesta.

Se ha argumentado que los dos sectores obedecen a la teoría cuantitativa por separado (y a medio plazo también en su totalidad).

Sin embargo, los economistas rara vez destacan esta cuestión debido a que los países no suelen publicar por separado los datos de la oferta monetaria en las dos áreas.

2

Diferentes tipos y teorías de la inflación

Causas generales de la inflación

Según Samuelson (1990), es importante resaltar que no es lo mismo establecer las causas o presiones inflacionarias y los mecanismos de propagación, que este último, sin ser una causa u origen de la inflación la difunden, pueden mantenerla y aún contribuir a darle carácter acumulativo.

Debido a que los mecanismos de propagación son más visibles que las causas reales, estos son erróneamente confundidos.

Las presiones inflacionarias o causas que desatan la inflación, pueden clasificarse en básicas o estructurales, circunstanciales y acumulativas, inducidas por el propio proceso inflacionario.

. . .

Las presiones inflacionarias básicas residen en inflexiones, rigideces o limitaciones estructurales del sistema económico. Esto debido a que los ciertos sectores no son aptos para satisfacer los nuevos niveles que la demanda ha alcanzado, ya sea en consecuencia por inmovilidad de los recursos productivos y/o a causa de un desatinado comportamiento del sistema de precios o a la inestabilidad por parte del gobierno para enfrentar los gastos rígidos.

Por otro lado, se indica que las presiones inflacionarias circunstanciales son aquellas de carácter eventual que provienen de los aumentos de precios de las importaciones, incrementos masivos de los gastos públicos para atender daños por catástrofe o razones de naturaleza política.

Las presiones inflacionarias acumulativas son inducidas por la propia inflación , entre ellas se hallan las distorsiones del sistema de precios, la ineficaz orientación de la inversión por actividades, como a sectores financieros y no a la producción de bienes y servicios básicos, los efectos del control de precios, y la deformación de las expectativas económicas elevando el consumo presente en deterioro de la inversión, con efectos en la productividad reducida por huelgas inspiradas en la defensa de la estabilidad de los ingresos, con el subsidio a las importaciones y el desaliento a las exportaciones dados los elevados costos internos.

. . .

Por otra parte, los mecanismos de propagación son lo que, una vez desatada la inflación, la generalizan, la mantienen o la refuerzan a consecuencia de las interrelaciones existentes. Estas surgen de la incapacidad de detener una lucha de intereses sectoriales en torno al ingreso; es decir que la asignación de recursos a, grupos sociales, sectores públicos o privados, pretende favorecerse a expensas de otro sector o grupo social restante, frecuentemente sin lograr una ventaja permanente.

La propagación estimula a los diferentes sectores o grupos económicos y sociales para reajustar su ingresos o gasto real relativo; como, por ejemplo, los asalariados vía los reajustes de sueldos, salarios y otros beneficios, los empresarios privados vía el alza de precios y el sector público vía el aumento del gasto fiscal nominal.

Los desajustes que surgen de la oferta y demanda de un bien o sector, surgen de la expansión dispareja de los sectores por el sistema de precios. Por lo tanto, cuando surge un incremento en la oferta monetaria posibilita un mayor volumen de transacciones monetarias en forma paralela con el crecimiento de los precios, por lo que nos lleva a concluir que los cambios en la oferta monetaria son un mecanismo propagador de la inflación.

La presión estructural a causa de un estrangulamiento en el sector externo deriva de los factores que trabajan conjunta y simultáneamente; el aumento de las importaciones que es provocado por el proceso de industrialización, urbanización, el decremento de ingresos por exportaciones debido a una baja tasa de crecimiento de la demanda y a una caída en los términos de intercambio.

Esta situación conduce a problemas en la balanza de pagos que a su vez obliga a restricciones en las importaciones y/o devaluaciones en el tipo de cambio. Ambas medidas alteran el precio relativo de los bienes importados respecto a bienes nacionales, que generan una presión inflacionaria de origen estructural.

Principales teorías de la inflación

Según Visintini (1994), los agudos procesos inflacionarios sufridos en América Latina, en especial en la década del ochenta, ha llevado a los diferentes encargados del manejo de la política económica, sin distinciones de gobierno a realizar un diagnóstico sobre las causas de la inflación y a llevar a cabo los planes de estabilización acordes a tales interpretaciones. Es por ello que en este trabajo presentamos las principales teorías de la inflación existentes.

Las principales teorías de la inflación que se presentan en la literatura son:

- Inflación de demanda
- Inflación de costos
- Inflación estructural
- Inflación inercial

- Inflación con estancamiento

La inflación de demanda

Esta teoría, que aparece frecuentemente en libros y textos económicos, es de neto corte keynesiano y en general ha sido bajo ciertas circunstancias, utilizada por economistas para estudiar el proceso inflacionario en las economías en los países desarrollados. Es identificado como el típico caso del "bache inflacionario".

El supuesto fundamental en el que se basa la inflación de demanda es la existencia de plena ocupación de los factores de producción: capital y mano de obra. Para este nivel de utilización de los factores, en la economía se produce un equilibrio entre la demanda y la oferta agregada. En esta situación, si por alguna circunstancia se produce un aumento en la demanda agregada de la economía (consumo privado, gasto público, inversiones o exportaciones netas), no existirá otro mecanismo más que el aumento de precios para reestablecer el equilibrio macroeconómico. En síntesis, la inflación de demanda se produce como consecuencia de que el poder de compra de la sociedad es mayor que la oferta o capacidad de producción de la economía.

· · ·

Podemos citar algunos ejemplos, si en una situación de pleno empleo, el gobierno aumenta el gasto público a través de órdenes de compra, habrá un aumento en el nivel general de precios puesto que en el corto plazo no podrá aumentar la capacidad de producción de la economía.

Sin embargo, es necesario destacar que este fenómeno de inflación de demanda no sólo se produce como consecuencia de un aumento en el gasto público. Otros factores también pueden desencadenar un proceso inflacionario en el supuesto caso que la economía esté trabajando a pleno empleo, como ser una disminución en los impuestos personales, que puede provocar un aumento en el consumo privado y, por ende, una reactivación de la demanda agregada.

Otro aspecto que puede bajo ciertas circunstancias tener un impacto inflacionario es la redistribución del ingreso a favor de los asalariados. Teniendo en cuenta que este sector tiene una mayor propensión marginal a consumir que el resto de los sectores, se puede producir una situación en la que, si a través de mecanismos institucionales se produce un aumento en el salario real, aumentará la propensión marginal a consumir de la sociedad y como consecuencia el consumo privado, y si la producción no puede aumentar para satisfacer este mayor nivel de demanda agregada se produce un incremento en el nivel general de precios.

· · ·

Según Beker (2001), la inflación de la demanda puede ser explicada por dos corrientes, la Keynesiana y la Monetarista.

En el caso de la primera corriente –tal como se ejemplificó en párrafos anteriores- el factor clave es la demanda agregada de forma que, si la demanda total excede a la producción, tendrá lugar al aumento en el nivel de precios.

Formalmente se expresa de la siguiente manera:

$$O = D = C + G + I + (X\text{-}M)$$

Siendo O la oferta de pleno empleo y D el gasto agregado, si partiendo de esta situación se produce un crecimiento del gasto $D' > D$, el equilibrio inflacionista se produce como consecuencia de

$$D' = C' + G' + I' + (X\text{-}M)' > O$$

En el caso de la segunda ésta defiende que la causa que explica el comportamiento de la demanda agregada y en consecuencia, de los precios, es el aumento de la cantidad de dinero, por encima del crecimiento de la producción, pues choca con la limitada oferta de mercancías y presiona a un incremento de los precios.

. . .

Se coloca el siguiente ejemplo: el caso de la demanda guber-
namental aumentada en una situación de pleno empleo. Si
el gasto público aumenta sin alza alguna en los impuestos, la
diferencia tiene que ser financiada ya sea por prestamos
tomados de público general (no bancario) o tomando préstamos de entidades bancarias que tienen reservas exceden-
tes, aumentando así la oferta monetaria.

Esta segunda corriente explicativa de la inflación, también
se denomina explicación monetarista de la inflación. Uno de
los principales exponentes de esta teoría es sin duda Milton
Friedman quien fuera profesor en la Universidad de
Chicago. De acuerdo a esta teoría el factor excluyente del
aumento en el nivel de precios es el aumento en la cantidad
de dinero en la sociedad. La inflación se produce cuando
por alguna causa, en general el déficit fiscal del Estado, se
produce un aumento en la cantidad de dinero y la producción no aumenta. En este caso, se dice, que hay mucho
dinero detrás de pocos bienes y por consiguiente aumentan
los precios.

Para realizar una explicación de esta teoría, es importante
recurrir a la siguiente expresión que representa la denominada teoría cuantitativa del dinero.

$$MV = PY$$

Donde M es la cantidad de dinero de la sociedad (circulación monetaria y depósitos a la vista), V es la velocidad de

circulación del dinero (indica el número de veces que el dinero rota en la sociedad), en consecuencia, MV es igual a la "demanda de dinero agregada", P es el nivel general de precios y Y es el ingreso o producto bruto en términos reales. Según esta ecuación, cuando la moneda circulante (M) y la velocidad de la misma (V) varían a una mayor rapidez que la producción (Y) el precio (P) tiende a incrementarse, provocándose un fenómeno inflacionario.

La expresión anterior puede descomponerse de la siguiente manera:

$$M/P = Y/V$$

De donde:

$$P = M*V/Y$$

Como puede deducirse, esta teoría afirma que el aumento general de precios depende en forma directa del aumento en la cantidad de dinero de la sociedad y de la velocidad de circulación y depende en forma inversa del ingreso nacional en términos reales.

Esta teoría de la inflación fue deducida a partir de los estudios realizados por Milton Friedman sobre la evolución de los agregados monetarios en los Estados Unidos. Este autor encontró para un período extenso de tiempo 1929-1967, que, computando la fórmula anterior, el aumento de precios resultada casi igual a la diferencia del aumento en la cantidad y la tasa de crecimiento en el producto, ya que la velocidad de circulación se encontró bastante estable para la economía norteamericana.

Corrientes interpretativas latinoamericanas sobre la inflación, coinciden en señalar que ésta es una explicación de largo plazo del fenómeno inflacionario.

En las economías que han vivido procesos de naturaleza hiperinflacionaria como Argentina en 1989 y 1990 o Bolivia en 1984 y 1985, han establecido que un factor importante en el proceso inflacionario es el aumento en la velocidad de circulación del dinero. Cuando los precios tienden a acelerarse fuertemente, entonces los agentes económicos "huyen" del dinero tratando de refugiarse en moneda extranjera o comprando bienes. En tales circunstancias la velocidad de rotación de la moneda es altísima porque todos los agentes tratan de desprenderse rápidamente del dinero reduciéndose la demanda de dinero significativamente.

En otros términos, el grado de monetización (que es la inversa de la circulación del dinero), se reduce sustancialmente.

Asimismo, en las economías latinoamericanas, en períodos altamente inflacionarios, se produjo un fuerte proceso de dolarización, que reflejaba un propósito por parte de los agentes económicos de "fugar" de los activos domésticos, situación que provocó un aumento en la velocidad de circulación del dinero y un aumento en la tasa de inflación. Por eso, en todos los casos en que se ha combatido la hiperinflación se ha tratado de reestablecer la confianza en la moneda nacional, es decir aumentar la demanda de dinero nacional. Desde el punto de vista económico, este es un factor fundamental para eliminar el proceso de altísima inflación.

El diagnóstico para detener la inflación en este caso es eliminar la fuente de creación de dinero. Teniendo en cuenta el caso boliviano, uno de los principales factores de creación de dinero ha sido para financiar el déficit del sector público. Por consiguiente, para eliminar el proceso inflacionario, en el año 1985, se aplicaron medidas de política económica orientadas a reducir el déficit fiscal.

Inflación de costos

Esta inflación surge como consecuencia de la presión que ejercen ciertos sectores empresarios u obreros o el sector público, que tienen algún poder en la determinación de sus precios para mejorar su posición en la distribución del ingreso.

Este análisis parte del reconocimiento de que las tasas de salarios en la economía moderna no son estrictamente precios determinados por el mercado, son más bien precios administrados ̶sentido usado en forma neutral que es establecido por la demanda y la oferta de los vendedores y compradores- , por lo tanto no suben sólo cuando la demanda de mano de obra sobrepasa la oferta.

Por lo tanto, aunque los salarios y los precios pueden subir en respuesta a la demanda excedente ellos no bajan cada vez que existe algún desempleo.

Supuesta una situación de estabilidad de precios, en el caso en que se produzca un aumento, por ejemplo, en los salarios nominales los sectores empresarios que tengan cierto poder de monopólico o oligopólico podrán transferir este mayor costo salarial a los precios de sus productos.

De esta manera se "gatilla" el inicio de un proceso inflacionario. A su vez las firmas (públicas o privadas) que vean aumentar el precio de los insumos, para poder mantener los márgenes de beneficios deberán incrementar el precio de sus productos.

La inflación de costos la producir cualquiera de los sectores económicos que integran la sociedad. A partir de una estabilidad de precios uno de los sectores económicos más importantes, para desencadenar un aumento de precios es la devaluación de la moneda nacional. Por ejemplo, si bajo la existencia de cualquier sistema cambiario libre o controlado o regulado por el Estado se produce un incremento en el precio de la moneda doméstica, teniendo en cuenta la importancia de los insumos importados en la economía boliviana, se "gatillará" un proceso de aumento de precios en el sector industrial, que se trasladará hasta llegar a nivel de consumidor.

También el Estado a través de la fijación de los precios de los servicios públicos (combustibles, electricidad, teléfonos) puede desencadenar una subida generalizada de precios. Este proceso, aunque tiende a reducir el déficit fiscal del Estado tiene sus costos en términos de inflación.

En general, se puede señalar que los agentes económicos bolivianos siempre han tenido "in mente" una inflación de costos en el sentido que han formado sus expectativas inflacionarias en función de los aumentos que integran los costos de producción.

Dentro de esta línea de teoría de la inflación de costos se encuentran en las investigaciones realizadas por R. Frenkel (1987). Este autor trata de predecir la inflación futura (o pasada) en base a una ecuación de costos. Específicamente, esta última viene definida de la siguiente manera:

$$P = aw* W + ae*E + at * TP$$

Donde P es el aumento en el nivel general de precios de

la economía, en general medido por el índice de precios al consumidor, aw, ae, at son la participación de los salarios, el tipo de cambio y las tarifas públicas en la canasta de bienes considerada y W, E y TP es el aumento registrado en los salarios nominales (W), en el tipo de cambio (E) y en las tarifas públicas (TP).

Si se conoce la participación de cada uno de los componentes que integran el índice anteriormente descrito, entonces se puede predecir la tasa de inflación considerando el aumento en el tipo de cambio, en las tarifas o eventualmente en los salarios.

En una sociedad como la boliviana donde ha existido un elevado proceso inflacionario, los agentes económicos han generado de realizar previsiones en base al "modelo" presentado en la ecuación anterior. Así, por ejemplo, es conocido que el aumento en el precio de los combustibles, en especial gasolina y diésel desencadena un aumento generalizado de precios del sector privado y del sector público.

Inflación mixta por demanda y costo

Es importante tomar en cuenta las interacciones que existen entre los elementos de la demanda y el costo, o las formas híbridas de la inflación.

· · ·

Se dice que la inflación sólo puede originarse en la demanda excedente, pero no es necesario que este exceso sea general, puesto que en el caso de que el empleo sea razonablemente pleno, pero sin demanda sobrante de bienes en general, pueda darse un fuerte aumento en la demanda de un bien o una clase de bienes particularmente.

La presión resultante de estos bienes, sobre la demanda de la industria o industrias específicas hará subir sus precios y utilidades. También inducirá a estos productores a intentar expandir la producción y al tener que contratar más mano de obra, puede provocar una demanda que tienda a elevar los salarios. El alza de los salarios hará que los trabajadores de otras industrias traten que sus tasas de salarios sean ajustadas en línea con el aumento inicial, aun cuando, en sus industrias, no hay demanda excedente de mano de obra. Esta situación en el caso boliviano, es permanente cuando el sector asalariado del sector público, pide incremento, considerando casi siempre los salarios más altos que se pagan en instituciones o industrias exitosas.

Por medio de este proceso, la inflación generalizada en inducida sin ninguna demanda excedente general, sino como el resultado de demanda sobrante en un sector de la economía. Las fuerzas de costos no originan la inflación, pero ellas lo generalizan desde su localización original.

Otro modelo híbrido de inflación hace particular hincapié en los precios agrícolas y en el encadenamiento de las tasas de salario al costo de la vida.

. . .

Generalmente los precios de los alimentos suben como resultado de una mala época de cosecha. A causa del gran peso que los alimentos tienen en el índice del costo de vida, se darán presiones en los otros sectores para que los salarios se ajusten hacia arriba igualar el aumento en el costo de vida.

Lo que la mayoría de los modelos híbridos de inflación tienen en cuenta es que las fuerzas que teóricamente deben producir un cambio sólo en los precios relativos producen en cambio un alza en los precios absolutos, debido a la existencia de factores institucionales que rehúsan permitir un cambio en los precios relativos: en el primer caso, un obstáculo a los cambios ocurridos en las tasas de salarios relativas en diferentes industrias y en el segundo caso un obstáculo a un cambio en los precios de los bienes agrícolas respecto de las tasas de salarios industriales. En el caso boliviano, ambos dos fenómenos existen, si bien en su momento, no se tradujeron en alzas de los salarios, sino en malestares en las industrias y menor consumo de algunos productos agrícolas.

Inflación estructural

La teoría de la inflación estructural ha sido desarrollada por autores latinoamericanos, entre quienes se destacan los argentinos Julio H. G. Olivera y Aldo Ferrer, el brasileño Celso Furtado y el chileno Osvaldo Sunkel.

La causa de la inflación en este caso no se encuentra en el desequilibrio entre la demanda y la oferta global, sino en desajustes sectoriales que afecten a bienes determinados.

Julio Olivera (1967), sostiene que la inflación se produce como consecuencia de la inflexibilidad parcial o total de los precios a la baja. Así, la modificación en los precios relativos proceso muy frecuente en los países latinoamericanos irá acompañada por incremento en el nivel general de precios. Por ejemplo, si se produce un cambio en los gustos de los consumidores a favor de un bien A y en detrimento de otro sustituto B, se producirá un exceso de demanda en el primero y un exceso de demanda en el segundo. En condiciones de funcionamiento normal del mecanismo de precios, se producirá un aumento del bien A y una disminución del segundo, manteniéndose inalterado el nivel de precios.

Sin embargo, si los mecanismos de mercado presentan una inflexibilidad de los precios a la baja, el precio del primer bien aumentará (A), manteniéndose constante el del segundo (B) y esto significará un aumento en el nivel de precios de la sociedad.

. . .

En un proceso de desarrollo en el cual se producen permanentemente cambios en la estructura de la demanda interna de los bienes (mayor proporción de bienes de origen industrial y menor de origen agropecuario) habrá un aumento en el precio relativo de los bienes industriales que influye en los del sector primario. Dada la inflexibilidad de los precios a la baja, este cambio relativo provocará un aumento en el nivel general de los precios.

Sunkel (1967), sostiene que para interpretar los procesos inflacionarios en las economías latinoamericanas deben distinguir: a) las presiones inflacionarias básicas y b) los mecanismos de propagación de la inflación.

a) Las presiones inflacionarias básicas pueden identificar con las características estructurales que presentan las economías latinoamericanas: una fuerte dependencia de su capacidad a importar, una dualidad sectorial, una inelasticidad precio de la oferta de productos agropecuarios, una deficiente tasa de formación del capital, un sistema tributario regresivo e inelástico, etc.

b) Los mecanismos de propagación se dan principalmente a través del déficit fiscal. Este autor sostiene que el aumento en los precios "gatillado" por algunas de las presiones inflacionarias básicas se convalidan con un alto déficit del sector público financiado con emisión monetaria. Bajo estas circunstancias un aumento en la cantidad de dinero en la sociedad es lo que provocará un aumento de precios.

Se señala que el crecimiento de la producción y del ingreso real, al no distribuirse homogéneamente sobre toda la economía, genera desajustes parciales en diversos puntos del sistema económico. Si se quiere eliminar esos mecanismos se debe generar un cambio en los precios relativos, que es la relación de cambio entre dos bienes, pero si los precios monetarios son inflexibles en sentido descendente, todo ajuste puede verificarse solamente a través del alza del precio monetario de los bienes que deben apreciarse. Es decir que la inflexibilidad descendente de los precios nominales determina que tales cambios impliquen aumentos en los precios monetarios.

Según Beker (2001) esta sería la esencia de la inflación conforme el pensamiento estructuralista.

Analistas posteriores como Thirlwall (1974) o Sevilla (1995) identifican otros factores inflacionistas derivados de estructuras defectuosas o de los propios cambios estructurales. Se señalan factores tales como: movimientos migratorios, distribución muy desigual de la tierra con escasa capitalización y una elevada proporción de latifundios, mano de obra sin cualificar, mercado de capitales poco desarrollado, altos porcentajes de las exportaciones de productos primarios, fuerte dependencia de las importaciones, inestabilidad en la oferta de productos alimenticios, estructuras comerciales complejas e informales, abundancia de monopolios y oligopolios de oferta, eficiencia muy limitada en la administración pública, sistema fiscal regresivo, que da lugar a una insuficiencia de ingresos impositivos que se traducen en déficits presupuestarios, con su consiguiente impacto inflacionista.

Aunque la corriente estructuralista iberoamericana tuvo su máximo auge durante los años sesenta, como reacción frente a las políticas de estabilización recomendadas por el Fondo Monetario Internacional, para países como Brasil, Argentina y Chile, recientemente se ha producido una revitalización de estas concepciones, a consecuencia de los efectos de la crisis económica mundial sobre países iberoamericanos.

Desde otra perspectiva, el análisis estructural también se ha aplicado para explicar la tendencia a largo plazo de la inflación en las economías occidentales. El denominado "modelo escandinavo", según Fernández (1995), la tendencia a la elevación del nivel general de precios a largo plazo en estos países es consecuencia de la interacción de cuatro tipos de factores que impiden o limitan el normal funcionamiento de mercado. Estos factores son: diferencias de productividad entre los sectores industrial y de servicios, tasa uniforme de crecimiento de los salarios monetarios en ambos sectores, elasticidad-precio y elasticidades-renta diferentes para las producciones de los dos sectores, limitada flexibilidad al descenso de precios y salarios monetarios.

La inflación inercial

En los procesos de alta inflación, los diferentes agentes económicos tratan de protegerse de la paridad de ingresos o pérdidas de capital. Por eso, los contratos formales e informales de todo tipo, alquileres, salarios, etc. se encuentran afectados por diferentes cláusulas de actualización o indexación de los valores nominales. Esta actualización o indexación se realiza con los índices publicados por organismos oficiales. En estas condiciones la inflación de períodos futuros dependerá de la inflación del pasado habida cuenta que la indexación se realiza con índices históricos.

En consecuencia, siempre la inflación actual dependerá de la inercia inflacionaria proveniente de períodos anteriores. Si se incrementa la tasa de inflación disminuirá los plazos de los contratos. Es decir, cuanto más elevada sea la tasa de inflación, el período de contratación de salarios tiende a disminuir.

Suponiendo que por algún mecanismo el gobierno intentara reducir la tasa de inflación con una reducción sustancial en la oferta monetaria, esto podría provocar una contracción en la demanda agregada bajando los precios, los arrastres de los contratos que se actualizan con índices pasados afectarían la inflación del periodo actual poniendo en peligro una eventual política económica que tenga la orientación de estabilización.

En el supuesto caso que no existiera presión por el lado de la oferta o de los costos (aumentos tarifarios o aumento en los precios internacionales de los bienes) y la demanda agregada (política monetaria) fuera constante, entonces la inflación no sería cero, sino que se aproximaría a la del período anterior por todos los mecanismos de indexación o actualización de los contratos formales e informales.

Por consiguiente, la reducción de la inflación en base a la contracción de la oferta monetaria disminuiría sustancialmente la demanda agregada en el corto plazo no teniendo inmediatos resultados sobre la tasa de inflación, ya que seguirían indexándose ciertos contratos y afectando a los índices de precios. En esta circunstancia con una reducción en la oferta monetaria y precios aun creciendo puede traer una reducción en la inflación, pero sobre todo generaría un proceso hiperrecesivo.

Los agentes económicos acostumbrados a un régimen de inflación en donde la indexación en base al pasado es el fenómeno corriente, es difícil que solamente con medidas monetarias puedan reducir o cambiar sus expectativas de aumentos de precios. Solo un proceso sostenido de disminución de precios en el tiempo hará factible la eliminación de los mecanismos de indexación de los sectores.

En una economía industrial moderna la inflación es excepcionalmente tendencial, es decir que esta tasa se mantiene en el tiempo o mantienen un crecimiento esperado, hasta que sufre una perturbación motivada por acontecimientos externos, tales como cambios en la demanda, causados por la variación del precio del petróleo, las oscilaciones del tipo de cambio, una mala cosecha, variaciones en la productividad entre muchos otros acontecimientos económicos. En este sentido la inflación se aleja en sentido ascendente o descendente de su tasa tendencial, pero una vez que se vuelve a incorporar tiende a persistir hasta que se produce una nueva perturbación.

Inflación con estancamiento

Conocida también como estanflación, supone una subida notable y sostenida de los precios, junto con el aumento progresivo de los niveles de paro, es decir un empeoramiento simultáneo de los niveles de paro y de la tasa de inflación. Dada su importancia se incluye a continuación algunos análisis que se han efectuado.

Según P. Samuelson (1990), la estanflación es un fenómeno de típico de las economías mixtas, debido a factores diversos, y no sólo económicos, debido a que tenemos una sociedad que ante el desempleo y la recesión económica no disminuyen los precios, ni los salarios, a lo que se suma un relajamiento laboral de la sociedad, muchas veces procedentes de la prosperidad anterior del país, la aparición de diversos mecanismos institucionales, como los subsidios de desempleo, salarios mínimos, segmentación del mercado laboral, cambios profundos en las expectativas y actitudes de los agentes económicos en muchos ámbitos, etc., que hacen que la economía reaccione de una manera no prevista por las teorías convencionales sobre la inflación.

Sobre la estanflación se tienen dos vertientes explicativas: la monetarista y la neokeynesiana:

La versión monetarista de la stagflation se basa en los conceptos de "tasa natural de paro" y "teoría aceleracioncista de la inflación". Ambos tienen un apoyo doctrinal en principios neoclásicos.

Se define la tasa natural de paro como aquella que corresponde al salario real de equilibrio.

En principio, en la tasa natural sólo estaría incluido el desempleo friccional, esto es, el provocado por el tiempo que necesitan para encontrar un empleo mejor los trabajadores que lo han perdido voluntariamente, ya que para este tipo de salario (el de equilibrio) existe empleo para todos ellos.

· · ·

Milton Friedman, señaló que él introdujo esta expresión inspirándose en la "tasa natural (o normal) de interés" de Wicksell, K. y que no se trata de una constante, sino que depende de factores reales y no monetarios, como, por ejemplo, la efectividad del mercado de trabajo, el grado de competencia o monopolio existentes y las barreras o facilidades para el desplazamiento de los asalariados a otros empleos.

La tasa natural de paro refleja así el concepto imperfecto de que aparezca una cierta tasa de desempleo en la economía, en cada periodo de tiempo considerado. Es decir, los determinantes básicos de esta tasa natural son las circunstancias específicas en cada caso del mercado laboral, como ser la propia organización del mercado de trabajo (existencia y funcionamiento de oficinas de empleo, de servicios de empleo juvenil…), la composición demográfica de la oferta de trabajo, el interés de los parados por buscar un nuevo empleo y la disponibilidad y tipos de trabajos.

También se toma en cuenta los factores influyentes sobre la frecuencia del desempleo: la variación de la demanda de trabajo de las distintas empresas, ya que en unas crece y en otras disminuye, con distintos ritmos, además y la tasa de incorporación de nuevos efectivos a la oferta de empleo.

Los autores monetaristas identifican, por una parte, el pleno empleo con la tasa de natural de paro y, por otra, consideran compuesta e integrada esta última por el paro "friccional" y el paro "estructural". Por lo tanto, se incluye también las características estructurales de los mercados de trabajo y de bienes, así como las imperfecciones en los mismos, las variaciones estocásticas en las demandas y ofertas, el coste de la información respecto a los puestos de trabajo vacantes, el coste de la movilidad, etc.

En cuanto a la denominada "Teoría aceleracionista de la inflación", es la teoría de M. Friedman que sostiene que el proceso inflacionista y su aceleración se producen a consecuencia de los intentos de las autoridades por reducir la tasa de paro por debajo de su nivel natural, mediante la aplicación de políticas expansivas. Estas políticas expansivas, a la larga provocarán una aceleración de la inflación.

La perspectiva neokeynesiana de la estanflación afirma que la aparición de este tipo de inflación se debe a irregularidades y crisis que se presentan por el lado de la oferta y de los costos, y que el aumento de la tasa de paro es una consecuencia de la caída en el ritmo de actividad económica, provocada en gran medida por políticas antiinflacionistas restrictivas. Sin embargo, la explicación neokeynesiana no se detiene ahí y señala que en los países desarrollados un importante volumen de desempleo involuntario, fue originado por la depresión económica y la infrautilización de la capacidad productiva. En consecuencia, los análisis neokeynesianos siguen atribuyendo un papel esencial en la determinación de la demanda de empleo al nivel de producto final, que es determinado por la demanda agregada. Cabe subrayar, que existe también la conciencia de que la relación entre el crecimiento de la demanda agregada y la reducción de tasa de desempleo no es inversamente proporcional, puesto que se ha llegado a establecer que el crecimiento de la demanda, no necesariamente obedece a un crecimiento de la producción, que el aumento de la producción no significa exactamente y proporcionalmente la creación de empleo y que la creación de empleos no significa siempre una variación igual y de sentido opuesto del número de desempleados.

Otros subtipos de inflación

La denominada inflación por sobreprecio

Se toma en cuenta el sobreprecio que manejan las empresas al determinar el precio de sus bienes y servicios con un recargo al cubrir los costos generados por su fabricación.

Esta situación genera una espiral tanto en el sector de los negocios, entre los negocios como un todo y la mano de obra es porque gran parte de las ventas hechas por la "empresa inicial" será a otras empresas, por lo tanto, si la "empresa inicial" pretende sostener el sobreprecio en sus productos, esto elevará el costo de otras empresas más, inclusive podría afectar a la empresa inicial convirtiéndose en una cadena sin fin de sobreprecios.

· · ·

Algunas de las ventas hechas por varias de las empresas estarán dirigidas a los consumidores, lo que incrementará el costo de vida de estas personas, que hace que los costos salariales se incrementen también; intensificando así la espiral. En el momento en el que los trabajadores suponen un incremento en el costo de vida, éstos tratan de anticiparse para negociar los acuerdos salariales.

En este caso la inflación podría comenzar por el incremento autónomo inicial, bien en los sobreprecios de los negocios o de la mano de obra, el crecimiento de la demanda agregada que primero y más directamente afectará algunos de los precios flexibles determinados por el mercado. Pero de todas maneras el proceso comprende la interacción de elementos de la demanda y de los sobreprecios.

La denominada inflación importada

Se considera que el incremento de las importaciones de bienes y servicios a precios mayores que se encuentran en el país importado, determinan un aumento en los precios de su mercado interno. Esta situación, aunque frecuente, se dice, no es la principal causa de la inflación importada.

Al parecer la principal causa de la inflación importada radica en la venta de grandes volúmenes de productos. Esta venta determina que gran cantidad de divisas sean captadas por el país exportador y cambiadas por moneda circulante, lo que provoca una mayor afluencia de ésta en un lapso relativamente corto provocando alza en los precios.

La inflación importada no solamente se circunscribe a lo indicado, sino también a una fuerte corriente de capital vía préstamos o inversiones directas.

Síntesis acerca de las diferentes teorías de la inflación

Todas las teorías anteriormente descritas pueden ser de utilidad para explicar el proceso inflacionario en ciertas etapas de su desarrollo. Sin embargo, cualquiera de las teorías de inflación supone que existe una convalidación de los aumentos de los precios por un aumento en la cantidad de dinero, por algún mecanismo institucional, por el déficit fiscal, por los créditos, etc. Se puede señalar que la mayoría de los procesos inflacionarios resultan de una interacción de las fuerzas de inflación de demanda e inflación de costos.

La inflación y tres relaciones importantes

Inflación y tasa de interés

· · ·

Las tasas de interés, entre otras cosas, compensan a los presta-mistas por los riesgos de inflación. Si la tasa prevista de infla-ción es por ejemplo 5%, las tasas nominales de interés habrán de fijarse por lo menos en ese porcentaje para compensarles la perdida prevista de poder de compra a causa de la inflación. Esta medida ayuda a originar un margen de seguridad en las tasas nominales de interés. Por lo tanto, mientras más alta sea la inflación mayor será el incremento en la tasa de interés vigente.

Las tasas nominales de interés son las tasas que predominan en el mercado. Están integradas por la tasa real de interés más un premio que compensa la inflación futura prevista, es decir que la tasa nominal es igual a la tasa real más el premio por la inflación.

Las tasas de interés altas ejercen un efecto negativo sobre las economías en todos los niveles, porque desalienta la inver-sión de las empresas y el gasto por parte de los consumido-res, e incrementan los intereses que el gobierno debe pagar por el servicio de la deuda nacional.

Se presenta cuando los participantes en el mercado se equi-vocan al prever los niveles futuros de la inflación.

En el caso de que las tasas de interés se mantuvieran altas, desalentaría la inversión de las compañías.

. . .

Esa es una de las razones por la que el Banco Central intenta evitar las tasas demasiado altas y variables debido a que una alta inflación tiende a deteriorar el flujo de financiamiento de los acreedores hacia los deudores. Es importante destacar que las tasas reales son cobradas después de producida la inflación es decir que una vez que se ha definida la tasa real de inflación, se determinara la tasa real de interés durante la duración del préstamo.

Inflación y déficit fiscal

Existe una estrecha relación entre la inflación y el déficit fiscal en una economía.

La inflación en términos generales resulta del elevado déficit fiscal que en las economías en los países en vías de desarrollo se financia principalmente con emisión monetaria. Sin embargo, esta demostrado por numerosos autores que la casualidad puede invertirse cuando se está en presencia de fenómenos de alta inflación.

En este último caso, si se acelera el aumento de precios por el conocido efecto Olivera –Tanzi, se produce un sistemático deterioro en los ingresos que por concepto de impuestos y tarifas recauda el Estado, lo que agudiza el déficit el déficit fiscal.

· · ·

Para establecer la relación entre déficit fiscal e inflación, primeramente, es necesario definir el concepto de impuesto inflacionario. El Estado para el financiamiento de los gastos de consumo y de capital utiliza los impuestos específicos directos e indirectos, el endeudamiento con el sector privado (interno y externo) y la emisión monetaria.

A este último concepto se lo considera como "un impuesto inflacionario" en razón de que la emisión monetaria es una forma de gravar a la sociedad en su conjunto ya que, si aumenta la cantidad de dinero, los precios subirán y como consecuencia de ello quienes poseen saldos reales de dinero (efectivo y cuentas corrientes), en especial verán deteriorado su poder de compra. A esta perdida en el valor de los saldos reales que poseen los agentes económicos se la define como impuesto inflacionario.

Se considera que el impuesto inflacionario es uno de los "impuestos" más regresivos ya que en general los sectores de menores recursos de la sociedad son los que lo pagan (asalariados de bajas categorías, jubilados, pensionados) que no pueden protegerse de la inflación adquiriendo otro tipo de activos financieros (dólares o moneda extranjera, depósitos a plazo fijo) o bienes.

Inflación y desempleo

. . .

La curva de Philips constata una relación inversa entre el desempleo y la inflación, significa que es necesario un mayor desempleo si queremos reducir o tratar de frenar la inflación.

A corto plazo una perturbación positiva de la demanda hará que se reduzca la tasa de desempleo por debajo de la denominada tasa natural, y esto tenderá a elevar la tasa de inflación. A largo plazo, las curvas de Philips tienden a ser inestables y no se cumple la regla anterior.

Empíricamente se constató que a bajos niveles de desempleo, tiene lugar una inflación normalmente empujada por los costos.

Este fenómeno ha sido atribuido al poder de los sindicatos o de los oligopolios o de ambos, y a la subida de salarios o de precios, o de ambos a la vez, sin exceso de demanda.

3

La devaluación, las inversiones y sus riesgos frente a las fluctuaciones monetarias

En el panorama económico-financiero de un país, las personas e instituciones que ahorran y las que invierten, se juegan sin duda un papel fundamental. Ninguna de estas dos personas tiene motivaciones similares, los ahorrantes u oferentes de capitales lo hacen por motivos de transacción, previsión y especulación y en cada uno de estos casos el rendimiento, la seguridad y la liquidez son actitudes a considerar en mayor o menor grado.

Los inversionistas por su parte están en capacidad de acometer nuevos proyectos cuando las expectativas son favorables, y tienen la seguridad de que el rendimiento de las inversiones les brindará una tasa apropiada de beneficios.

Dentro de estas dos personas, (ahorrantes e inversionistas) existen las instituciones bancarias y crediticias que hacen fluir los capitales de un sector a otro. Naturalmente, hay ocasiones en que un inversionista se financia con sus propios ahorros, como las empresas cuando hacen uso de sus utilidades y reservas, o bien, cuando hay una línea de enlace directo entre ahorrador e inversionista.

Colocada, una ¡persona en calidad de ahorrante u oferente se le presentan dos canales principales hacia los cuales puede orientar sus recursos: a) las instituciones bancarias y de crédito y b) las empresas inversionistas.

a) Las primeras, son intermediarias, pueden ofrecerle transacciones de corto y largo plazo, siendo las principales los depósitos visto, a plazo o ¡sistemas de capitalización, además pueden ofrecer bonos, sean de la banca privada o del Estado; estas transacciones tienen una gama distinta de rentabilidad que dependen de la seguridad que da la operación, del período que permanecen y también de la liquidez, entendiéndose esta última como la posibilidad que ofrece un banco de devolver el dinero cuando lo requiera el ahorrante.

Las empresas pueden ofrecer también acciones y bonos, se distinguen de las primeras por su rentabilidad variable significando esto que el rendimiento de los títulos en algunos años puede ser mayor que en otros de acuerdo a las posibilidades de la empresa o el mercado. Los bonos por su parte tienen rendimientos constantes, y ya dicen expresamente cuanto han de devengar anualmente.

$$\cdot \quad \cdot \quad \cdot$$

Otra posibilidad que tiene el ahorrante es de convertirse a su vez en inversionista sea en la creación o ampliación de empresas o utilizando sus recursos para la adquisición de bienes raíces; la primera alternativa produce rendimientos generalmente más elevados, aunque con mayores riesgos (de acuerdo a la rama de producción que elija), la otra alternativa es de menor rentabilidad, pero ofrece más seguridad.

Sin embargo, todas las alternativas que tiene una persona o institución de utilizar sus recursos, ofrecen diferentes grados de riesgos, independientemente de que adquieran bonos, acciones, depósitos a plazo, préstamos directos o haga inversiones reales, obedecen a consideraciones que tienen que ver: 1) con la empresa y 2) y con la situación política y económica.

Respecto a la empresa, hay que tomar en cuenta factores tales como:

1. La clase de actividades que realizan, sus riesgos y garantías; por ejemplo, una empresa bancaria puede emitir bonos hipotecarios para financiar operaciones de largo plazo, la operación es de mucho riesgo, pero en cambio de garantía hipotecaria suficiente.
2. La capacidad del mercado y sus características son elementos indispensables que determinan la demanda de los productos.
3. Las condiciones de los competidores.

4. La eficiencia en la organización.

Entre los factores políticos y económicos una persona siempre tiene en cuenta el grado de estabilidad política y económica que hay en el país, por lo general la carencia de ellas produce temores y cuando tienen su3 causas en los problemas de balanza de pagos que hacen pensar en probables variaciones en los tipos de cambios, se generan los movimientos o huidas de capitales.

Hay también otros factores que estimulan estas salidas de capital, por ejemplo, la nacionalización de la industria, altos gravámenes al capital y las tensiones económicas y políticas internacionales, etc.

Estas últimas cuando son producidas en los países más desarrollados extienden sus efectos a los otros con los cuales están ligados comercialmente, este aspecto se tratará de desarrollar especialmente ahora cuando uno de los temores es el que provoca la incertidumbre de que la moneda que tiene características de patrón mundial llegue a devaluarse.

Causas por las cuales un país devalúa su moneda

Generalmente un país se ve en la necesidad de devaluar su moneda cuando ocurre un déficit crónico en la balanza de pagos; estos déficits son propiciados por cualesquiera de las siguientes causas:

1. Aumentos o retiros muy rápidos del valor de las importaciones, y cuando no hay una correspondencia proporcional en las exportaciones.
2. Disminución del valor de las exportaciones.
3. Salidas de capital sin compensación.

Estas condiciones que ¡pueden tener su origen dentro del país por motivos de rigidez del sistema productivo, o bien ser generados en los demás países (resto del mundo) con los cuales comercia, (como ejemplo variaciones en los precios, cambios en los patrones de consumo, etc.) van produciendo una constante disminución de las reservas internacionales; pudiendo llegar hasta un punto en que ellas son insuficientes para cubrir el valor de las importaciones y otros compromisos.

Cuando esta situación ocurre, el país tiene la necesidad de variar sus tipos de cambio, los cuales son expresados generalmente en función de una moneda patrón, el dólar, o específicamente del oro; en un caso hipotético podría decirse que la relación del lempira respecto al dólar es de cuatro a uno, y en el segundo que el precio de compra del oro es de una cantidad superior a setenta lempiras por onza.

El efecto que se desea obtener con esta devaluación es por una parte desestimular las importaciones ya que entonces los bienes y servicios adquiridos valen más en términos de la moneda nacional, más por otra parte los precios de las materias de origen nacional y aún los salarios no aumentan en la misma proporción, estimulando en consecuencia las exportaciones.

Es claro que estos efectos pueden ser contrarrestados cuando los otros países con los cuales se comercia ejercen iguales medidas. ejemplo, huidas de capital, inflaciones, etc. un país siempre está dispuesto a tomar otras medidas, para evitar llegar a ese extremo, a saber:

1. Utilizar las reservas para financiar los déficits.
2. Controles de cambio para establecer restricciones o condiciones especiales de comercio con los países con que se adquieren los déficits.
3. Uso de préstamos del extranjero, especialmente del Fondo Monetario Internacional quien otorga a sus miembros ciertas promesas de crédito (stand by) que puede hacer efectivo en los momentos críticas.

Pero también las condiciones que los motivan pueden originarse en otros países; de ese modo las devaluaciones en los países más desarrollados, repercuten inmediatamente en los países pobres y producen en éstos, fluctuaciones simila- res, las condiciones pueden ser como ejemplo las siguientes:

1. Los países como Honduras tienen la mayoría de sus reservas en moneda extranjera, el dólar; ¿si perdiera valor esta moneda los bienes y servicia?

que adquiera el país por ese motivo, se verían también disminuidos.

2. Las exportaciones que en un alto porcentaje son destinadas a los Estados Unidos, pierden valor, pues siempre se pagarían con dólares y éstos adquieren menos bienes en ese país.

3. Las importaciones se vuelven más baratas y como consecuencia se estimulan.

Esta situación de no producirse ajuste en el cambio Lempira-Dólar produciría una escasez de dinero de tal naturaleza que perjudicaría e! propio desarrollo del país por cuanto muchas industrias dependen del extranjero para su abastecimiento, el mismo desarrollo de las obras públicas por parte del gobierno podría verse interrumpido por esa misma carencia; pudiendo tener al final un penoso endeudamiento, que comprometería el desarrollo económico del país. En este proceso, las industrias netamente nacionales se verían afectadas profundamente por sus altos costos de operación y no podrían competir con las empresas extranjeras.

Más por otra parte, un país pequeño casi no tiene medios para cubrirse de las fluctuaciones monetarias que genera un país tan desarrollado, la alta dependencia del comercio exterior necesariamente lo haría caer en la misma situación de aquéllos, y al final se vería obligado también a devaluar.

. . .

Corresponde entonces, examinar la manera cómo afecta una devaluación a los ahorrantes e inversionistas para ello hay que hacer una distinción entre una devaluación a escala nacional y otra a escala internacional.

A escala nacional, los ahorrantes pierden confianza en sus instituciones monetarias y se generan los movimientos de capital hacia el extranjero por los temores a devaluaciones futuras. Como consecuencia de esta fluctuación, de la carencia de capitales y el alto costo que origina se vuelve inelástica la producción.

Cuando las devaluaciones del país, son consecuencia de las devaluaciones registradas en los países como Estados Unidos cuya moneda sirve de patrón y país del cual se depende económicamente; todos los sectores económicos del país se ven afectados, aunque haya buenos propósitos de la administración norteamericana por evitarle problemas a los países subdesarrollados.

¿Hay signos que evidencian una probable devaluación del dólar?

Como antes se señaló, el signo de importancia fundamental es el que ofrece un déficit crónico en la balanza de pagos y tal parece que desde 1949 a la fecha Estados Unidos, ha tenido déficit (excepción del año de 1957) continuos que han reducido las reservas en oro de un máximo de 24.560 millones de dólares a una cifra actual de menos de 12.000 millones. La situación se ha agravado especialmente por el fuerte déficit de la balanza de pagos, estimado en cuatro mil millones para fines del año 1967 y también por los temores originados en la reciente devaluación de la libra esterlina que ha generado movimientos especulativos de capitales.

Naturalmente el país tiene una fuerte capacidad de producción que le permitiría salir sin problemas de la prueba del fuego, pero los compromisos de orden político y económico con el resto del mundo, obligan las. salidas de fuertes cantidades de capital y ponen en duda la afirmación anterior.

Hay también un grupo de países industrializados que integran el llamado "pulí del oro internacional." que estarían dispuestos a arriesgar sus activos para mantener la situación, pero solamente lo harían cuando Estados Unidos se comprometiera a equilibrar la balanza de pagos, condición que naturalmente es indispensable y aplicable a cualquier país que tenga problemas similares, pero que es probable Le ofrezca grandes problemas llevarla a cabo.

Las medidas conducentes a eliminar el déficit de la balanza de pagos tienen que ver con probables restricciones en las importaciones, "disminuciones en el volumen de préstamos al extranjero, los cuales afectan la reducción de las fuerzas militares y las actividades bélicas en el extranjero, si se tiene en cuenta que solamente la guerra de Vietnam ha aumentado los gastos de seis, mil a veintidós mil millones de dólares en 1967.

Naturalmente que una devaluación del dólar no le convendría política y económicamente pues la mayoría de los países tienen sus reservas en dólares y produciría un efecto depresivo en el comercio; y por otra parte estaría dándole oportunidad a la URSS de beneficiarse por su alta producción de oro.

Sin embargo, las primeras cuatro medidas aun cuando se realicen, estarían contrarrestadas por el efecto inflacionista observado en los últimos años el cual estimula las importaciones y desfavorece las exportaciones.

En resumen, las evidencias son claras, y ellas mismas estimulan los movimientos especulativos de capitales que tienden a agravar la situación, sin embargo, es necesario creer que los Estadas Unidos estarían dispuestos a evitar repercusiones políticas y económicas desfavorables; y aunque la devaluación es la medida más aconsejable pues es un correctivo en el desequilibrio de la balanza de pagos, los efectos depresivos se dejarían sentir en todos los países con quienes tienen relaciones comerciales.

· · ·

En estos momentos parece que hay la intención de reducir el déficit en la balanza de pagos mediante la puesta en práctica de las medidas anteriores, mientras esto ocurra los países que integran el "pulí del oro internacional" también respaldarán a los Estados Unidos, en la política de mantenimiento del precio del oro, téngase cuenta que este compromiso no es de carácter filantrópico, sino el resultado de los fuertes intereses que los ligan. Por otra parte, si el Congreso aprueba suprimir la cobertura oro del dólar que ahora es de un 25% de la circulación monetaria, podrá respaldar la situación internacional del dólar con todas sus reservas.

4

China domina el nuevo orden mundial desde 2016

¿POR QUÉ CRECE TAN rápido la economía de China?

Alrededor de 1997, cuando el contrato de arrendamiento de cien años de Gran Bretaña sobre Hong Kong expiró y lo devolvieron a China, algo le sucedió al gobierno chino. Tal vez vieron el potencial de crecimiento masivo de su propia economía con la adición de la enorme economía de Hong Kong.

Los dirigentes comunistas decidieron que debían permitir al pueblo una mayor libertad económica. Permitieron un mayor capitalismo y abrieron mercados cada vez más libres.

Con cerca de mil quinientos millones de ciudadanos animados a trabajar más duro para ganar algo para sí mismos, su economía empezó a crecer rápidamente.

. . .

Además de esto, los chinos siguieron otros dos enfoques para impulsar su economía. Llevaron a cabo una política agresiva de robo de tecnología, patentes y secretos de empresas de todo Occidente. Al mismo tiempo, invirtieron las divisas que ganaban con sus crecientes exportaciones en empresas de ultramar y en recursos valiosos en todos los continentes. Esto ha estimulado su crecimiento económico y ha contribuido a alimentar su expansión sin precedentes, que ha alcanzado un crecimiento del PIB del once por ciento anual.

Otra cosa que los chinos han hecho para expandir rápidamente su economía es mantener artificialmente bajo el valor de su moneda, el yuan. No permiten que el tipo de cambio flote libremente en los mercados internacionales.

Esto mantiene sus exportaciones baratas frente a rivales industriales como Estados Unidos, Japón, Gran Bretaña y los países de la Unión Europea.

Gracias a todos estos esfuerzos, los chinos han logrado alcanzar tasas de crecimiento que no se habían visto en el Occidente económicamente más maduro en unos cien años.

¿Cuáles son las consecuencias para Estados Unidos?

. . .

MarketWatch afirma que la fecha de 2016 en la que China supere económicamente a Estados Unidos es un acontecimiento decisivo para este país. Han calificado el pronóstico del FMI como una bomba que marcará la conclusión de la Era de América. Además, afirman que será una nube negra para el dólar estadounidense y su enorme mercado de tesoros.

Los periódicos del Reino Unido han ido más allá. El Daily Mail afirma que las consecuencias para Estados Unidos serán la pérdida del estatus de potencia mundial dominante. Incluso afirman que el presidente que sea elegido en 2012 será el encargado de la decadencia y caída de EE.UU.

Los chinos ya tienen a Estados Unidos como rehén en la actualidad. Tienen hasta tres billones de dólares estadounidenses que podrían empezar a deshacerse de ellos en cualquier momento que les convenga. Esto aplastaría la capacidad de Estados Unidos para financiar sus enormes deudas y gastos junto con el valor del dólar. Causaría un daño a la economía estadounidense y al dólar que probablemente nunca se repararía.

Algunos analistas afirman que esta transición de poder dará lugar a un nuevo orden mundial dirigido por un puñado de agentes de poder, entre ellos los dirigentes comunistas de China. El multimillonario inversor en divisas George Soros es uno de los que cree que esto sucederá.

. . .

Esto no sería una buena noticia para los pueblos del mundo, ya que el gobierno chino sigue mostrando su brutalidad e indiferencia por la vida humana. Esto contrasta con los valores de la libertad, los derechos humanos y de propiedad, y el libre mercado que tanto Estados Unidos como Gran Bretaña han adoptado y difundido por todo el mundo.

¿Qué pasará con el dólar como moneda de reserva mundial?

Ya se está debatiendo en voz baja sobre el mundo que surgirá después de que el dólar deje de ser la moneda de reserva. Los franceses, los chinos, los rusos y los Estados petroleros del Golfo han celebrado reuniones secretas sobre monedas de reserva alternativas de las que Estados Unidos ni siquiera ha recibido un aviso previo o una invitación para asistir. Quizás la última transferencia del estatus de moneda de reserva mundial sea un buen ejemplo para examinar.

La economía del Imperio Británico dejó de ser la mayor del mundo en los primeros años de la década de 1900 a medida que la economía estadounidense ganaba terreno y la superaba. Sin embargo, la libra esterlina siguió siendo la moneda de reserva del mundo hasta el final de las dos guerras mundiales, casi cincuenta años después. Esto podría dar a

Estados Unidos algo más de tiempo. ¿Cree que la transición del dólar a otra moneda de reserva tardará tanto tiempo?

El secreto financiero más valioso del mundo

A todo el mundo le gustaría conocer el secreto financiero más valioso del mundo. La revelación de este misterio puede resultarle sorprendente. El oro representa el depósito de valor pasado, presente y futuro contra el que se han medido y se volverán a medir todos los demás bienes e incluso las monedas.

Si usted puede aprovechar esta verdad inamovible ahora, entonces se beneficiará enormemente cuando Estados Unidos y otras naciones occidentales vuelvan al patrón oro en la próxima década. En los párrafos que siguen, usted comprenderá por qué el patrón oro ha sido históricamente crítico, por qué el oro es un depósito de valor intemporal que previene el colapso crediticio y financiero, la hiperinflación y la devaluación de la moneda, y por qué Occidente pronto buscará regresar al refugio de su poder protector en sólo unos pocos años.

¿Por qué es tan importante el patrón oro?

. . .

Con un patrón oro que respalda una moneda, ésta es literalmente tan buena como el oro. Sólo puede ser emitida en cantidades que se correlacionan con las existencias de oro fijas en las bóvedas de una nación.

Esta es la razón por la que los individuos que están a favor de un mayor papel de los mercados libres, mayores niveles de responsabilidad y libertad individual, y una restricción del poder del gobierno aman el dinero que está respaldado por el oro en lugar de la mera fe y confianza en gobiernos poco fiables. Simplemente no se puede imprimir oro ni manipular su suministro tangible, por muy poderoso que sea el gobierno.

Historia y eficacia del patrón oro de la era moderna

Puede resultar chocante que, durante la mayor parte de su historia, los Estados Unidos y Gran Bretaña poseyeran sistemas bancarios y monetarios respaldados por el oro. A partir de 1750, el gobierno del rey Jorge declaró ilegal la emisión de papel moneda.

La economía estadounidense comenzó entonces a funcionar con piezas españolas de plata de ocho y monedas de oro para las reservas bancarias. Este patrón oro gobernó los sistemas estadounidense y británico más o menos desde los años 1750 y 1971.

¿Qué tan bien funcionó este sistema? Hasta que el presidente Franklin D. Roosevelt decidió devaluar intencionadamente el dólar en 1933, cuando se hizo con el control de todo el oro de la nación, los costes de los bienes y servicios se mantuvieron increíblemente estables.

El poder adquisitivo del dólar estadounidense se mantuvo casi constante durante casi doscientos años. Ojalá fuera así hoy, en lugar de que el dólar haya caído un cincuenta por ciento en la última década y un sorprendente noventa y siete por ciento desde 1971.

El depósito de valor atemporal proporciona inmunidad a las crisis financieras

La principal razón por la que el oro funciona como el mayor activo financiero del mundo es que siempre ha mantenido su poder adquisitivo a lo largo de toda la historia conocida. Durante miles de años, el oro ha seguido siendo un depósito de valor intemporal y mundialmente aceptado.

Después de todo, el metal amarillo es extraordinariamente adecuado para ser una moneda, ya que es raro, divisible, portátil y duradero. Para darle un ejemplo de lo bien que el oro mantiene su poder adquisitivo, considere que hace cien años una pieza de oro de veinte dólares compraba un traje fino hecho a mano. Hoy en día, la misma pieza de oro de veinte dólares le permitirá comprar un traje italiano de lujo.

La gran ventaja de que su moneda esté respaldada por este depósito de valor atemporal reside en la estabilidad que proporciona. Los sistemas monetarios que están respaldados por el oro son prácticamente impermeables a los grandes ciclos desestabilizadores de auge y caída de la economía. Esto se debe a que el suministro de dinero y de crédito está rigurosamente regulado por el valor de la economía de una nación.

Una economía más grande se traduce en más oro, lo que permite extender una mayor cantidad de crédito y moneda. Esto significa que la insaciable codicia de los banqueros no puede hacer estragos en la economía de una nación, ya que sólo pueden hacer préstamos con dinero basado en sus reservas tangibles de oro.

No hay forma de proteger los ahorros de la inflación sin el patrón oro

Alan Greenspan escribió una vez que, en ausencia del patrón oro, no se podría evitar que los ahorros disminuyeran por la inflación. El dinero no es un depósito de valor seguro sin él.

· · ·

Sus ahorros pueden estar protegidos contra la inflación cuando la moneda está respaldada por el oro.

Aunque puede haber otras formas de proteger el valor de su dinero, como cuando compra bienes inmuebles o acciones de alta calidad, no hay mejor manera de protegerse con dinero real líquido y portátil que con el oro.

La excesiva carga de la deuda conduce a la hiperinflación o al impago

Sin el patrón oro, las deudas de una nación pueden aumentar hasta niveles peligrosos e incluso impensables.

Esto no es posible con el patrón oro. Es simplemente una función de la cantidad de reservas de oro del país que restringe la cantidad de deuda que la nación es capaz de soportar.

Las reservas de oro de los bancos sólo pueden expandirse al mismo tiempo que el tamaño de la economía, lo que impide que los bancos asuman también grandes cargas de deuda.

Una vez que el presidente Nixon sacó a Estados Unidos y a la mayor parte del mundo del patrón oro con sus acciones en 1971, los acreedores perdieron sus derechos legales sobre las reservas de oro del país. En ese momento, los bancos ya no tenían ninguna limitación a sus poderes para crear nuevo dinero y crédito de la nada, excepto la Reserva Federal y sus ratios.

La carga de la deuda comenzó a explotar

En pocos años, la carga de la deuda comenzó a explotar en los Estados Unidos y en el mundo desarrollado. El sistema bancario se expandió astronómicamente, puesto que ya no tenía que adquirir reservas de oro adicionales por una mayor expansión comercial o industrial.

Si se tiene en cuenta la deuda real de Estados Unidos para incluir los derechos no financiados, la deuda pública estadounidense asciende a la impactante cifra de cincuenta y seis billones de dólares. Esto es casi cuatro veces el tamaño del Producto Interior Bruto del país, o el total anual de todos los bienes y servicios producidos en la nación. También se traduce en una deuda de casi setecientos mil dólares por cada familia de Estados Unidos.

Estas deudas no podrán ser devueltas nunca en dólares de hoy. Esto deja sólo unas pocas soluciones para los gobiernos occidentales que están cada vez más desesperados. Pueden dejar de pagar la deuda, lo que hace que toda la economía se desmorone. O bien, pueden devaluar las deudas insostenibles mediante la devaluación de la moneda y la hiperinflación que inevitablemente se produce.

Una forma de hacerlo es imprimir literalmente billones de dólares nuevos. Esto ha estado sucediendo en la Reserva Federal desde 2007, y continúa sin cesar hoy en día. Un día, esto hará que el valor del dólar estadounidense se derrumbe. Esto, a su vez, conducirá a una hiperinflación galopante, en la que los precios de los bienes y servicios aumentarán del diez al cien por cien cada mes o año.

Una vez que el sistema monetario de Estados Unidos se desmorone debido a toda la deuda incontrolada y la impresión de dinero que la salida del patrón oro permitió, los políticos finalmente buscarán opciones para lo que tiene que reemplazar el dólar de papel fiduciario de Estados Unidos.

¿Sigue siendo práctico el patrón oro hoy en día?

Habrá muchos expertos, banqueros y políticos que tratarán de convencerle a usted y al público de que la vuelta al patrón oro es una idea terrible. La razón por la que los funcionarios bancarios y gubernamentales lucharán contra el regreso del dinero respaldado por oro con toda su fuerza colectiva es simple.

· · ·

Bajo las reglas de la moneda respaldada por oro, perderán la mayor parte de su increíble poder. El dinero ya no se creará de la nada con sólo pulsar un botón de ordenador. La oferta monetaria ya no será microgestionable.

El gobierno tendrá que vivir más o menos dentro de sus posibilidades.

¿Es práctico hablar de una vuelta al patrón oro? La nación tiene doscientos sesenta y tres millones de onzas troy de oro. Con una base monetaria de dos billones de dólares, se divide el número de dólares por las reservas de oro de la nación para llegar a un precio del oro de 7.604 dólares por onza para convertirlo en una moneda totalmente respaldada por el oro.

¿Queda algún ejemplo vivo de cómo funciona el patrón oro hoy en día? Suiza nunca abandonó el patrón oro. El franco suizo sigue estando respaldado por el oro, según su constitución, hasta el día de hoy. Juzgue usted. ¿Cómo ha resultado su estabilidad económica en los últimos cuarenta años?

Salve sus activos financieros de la tormenta que se avecina

Si escucha mucho los medios de comunicación financieros, sin duda habrá escuchado las afirmaciones casi apasionadas de que las economías de Estados Unidos y del mundo se han recuperado del borde del desastre que supuso la crisis financiera y la Gran Recesión. Sus propias experiencias personales pueden decirle lo contrario.

¿Se ha preguntado alguna vez si los tertulianos y los políticos le están contando una mentira para intentar mantener la economía mundial el mayor tiempo posible? El nuevo libro "Debt, Deficits, and the Demise of the American Economy" (Deuda, Déficit y la Destrucción de la Economía Americana) argumenta que la siguiente y peor etapa de la catástrofe económica mundial se desarrollará en el futuro y ya ha comenzado.

Sobre los autores Jeff Cox y Peter J. Tanous

Jeff Cox y Peter J. Tanous escribieron esta nueva obra "Deuda, déficits y la desaparición de la economía estadounidense" después de compartir conversaciones el año pasado sobre hacia dónde se dirige la economía mundial. Jeff Cox es redactor del canal financiero CNBC.com.

Trabaja como periodista desde 1987. Sus apariciones periódicas en el canal de televisión CNBC muestran sus comentarios sobre el mercado. Los artículos de Cox aparecen regularmente en sitios financieros tan conocidos como Yahoo!, TheStreet.com y AOL Money.

· · ·

El coautor Peter Tanous es el presidente de la empresa de asesoría de inversiones Lepercq Lynx. Ha trabajado como profesional del asesoramiento financiero durante más de cuarenta años. Fue cofundador del banco de inversión internacional Petra Capital Corporation. Tanous también fue vicepresidente y posteriormente director regional internacional de Smith Barney. Peter Tanous ha escrito algunos libros de gran prestigio como Investment Gurus y The Wealth Equation.

¿Cuál es la premisa del libro?

La mala noticia es que te han vendido un cruel engaño con esta idea de que las economías mundial y estadounidense están en medio de una vibrante recuperación desde 2009. Tan recientemente como el pasado mes de agosto, Alan Greenspan, durante mucho tiempo presidente de la Reserva Federal, declaró que ahora nos enfrentamos al dilema de la crisis financiera más extraordinaria de la que él haya leído o presenciado personalmente. Hizo esta declaración un año entero después de que la Gran Recesión y la crisis financiera supuestamente hubieran terminado.

"Deuda, déficit y la desaparición de la economía estadounidense" comienza con esta aleccionadora afirmación de Alan Greenspan y luego le lleva a usted, el lector, en un recorrido lineal y lógico de cómo se produjo esta crisis en primer lugar y hacia dónde se dirige todo en el amargo final. Lo llaman el desastre financiero más grave de toda la historia de Estados Unidos.

La devaluación del euro continuará

Las siguientes etapas del Armagedón financiero ya están comenzando hoy. Esto implica el colapso total de los países periféricos europeos, que comenzará con Grecia y luego con Irlanda. La crisis de confianza resultante en los bancos de toda Europa provocará una grave devaluación del euro. Usted puede decir que eso suena mal para nuestros amigos en Europa, pero ¿cómo impacta a los Estados Unidos en un nivel directo?

Como resultado de esta tragedia en la Eurozona, el pánico estallará a continuación en los mercados de valores de todo el mundo. El miedo violento y la incertidumbre continua provocarán una venta severa y rápida en las bolsas mundiales.

A continuación, los mercados mundiales de bonos prácticamente dejarán de funcionar y esto hará que los tipos de interés en todo el mundo se disparen.

A causa del astronómico nivel de deuda y el desbocado gasto deficitario que hemos realizado aquí, el pánico se extenderá a las costas estadounidenses. El Tesoro intentará pagar las deudas con cientos de miles de millones de dólares recién impresos.

A medida que la situación financiera decaiga en Estados Unidos, los inversores en los críticos mercados de bonos del Tesoro perderán la confianza necesaria para seguir comprando la deuda estadounidense. Los tipos de interés en el país se dispararán. Esto provocará el impago de la deuda municipal de varios estados.

Los pagos de las jubilaciones se detendrán

Las oficinas estatales también dejarán de enviar los pagos de jubilación a los empleados estatales jubilados. Después de que se produzcan estos acontecimientos, una cosa tras otra caerá en cascada hasta que la inflación rugiente se apodere de un nivel no visto en la América moderna.

Esta espantosa y deprimente situación puede sonarle ahora imposible o, al menos, improbable. Una vez que lea esta obra y conozca el estado actual del sistema financiero mundial, dejará de serlo. Los autores Cox y Tanous le muestran que las tonterías que sueltan Washington y Nueva York se estrellan contra la fría y dura realidad.

La conclusión final es sobria, que el día de ajuste de cuentas por los años de descontrol del gasto del gobierno federal está a punto de llegar. El libro dice que ya hemos caminado demasiado por el camino de la destrucción como para contemplar la posibilidad de dar la vuelta y volver sobre nuestros pasos equivocados. Los autores están convencidos de que se producirá inexorablemente un colapso de la economía mundial.

¿Cuál es la causa de los problemas?

Los autores están seguros de que se han subestimado enormemente los peligros que plantean las enormes deudas de las naciones soberanas. Estados Unidos no es inmune a esto en lo más mínimo. Los catorce billones de dólares de la deuda estadounidense tendrán que pagarse en algún momento, de una forma u otra.

Esto pone al mundo directamente en un curso de choque con una hiperinflación como el país nunca ha experimentado personalmente antes.

¿Qué predice el libro?

El libro "Debt, Deficits, and the Demise of the American Economy" (Deuda, Déficit y la Destrucción de la Economía Americana) dice que los acontecimientos ya han ido demasiado lejos para que podamos evitar esta próxima etapa de la crisis que aún se está desarrollando.

. . .

Los autores dicen que la calamidad financiera resultante será peor que lo que se vio cuando el sistema financiero se derrumbó en 2008 y 2009.

Primero se derrumbará el euro, y después caerá el castillo de naipes que es la deuda estadounidense. A raíz de estos dos acontecimientos, los mercados estadounidenses y mundiales se paralizarán y serán aplastados. Afirman que esto sucederá con la caída del mercado de valores en 2012 o incluso este mismo año. Habrá corridas en todos los bancos y una cantidad de inflación que casi nadie espera.

¿Qué puede hacer usted para protegerse personalmente?

El libro no le deja sin soluciones. Puede que los acontecimientos que se avecinan sean inevitables ahora, pero aún hay tiempo suficiente para proteger sus finanzas hasta que pase por fin la tormenta despiadada. Los autores señalan que las asignaciones tradicionales en acciones y bonos no le salvarán. En su lugar, tendrá que tener una participación importante en los activos probados a prueba de inflación como el oro, la plata, el petróleo, la madera y las tierras de cultivo, junto con los bonos que están protegidos contra la inflación.

Veredicto del libro

· · ·

Jeff Cox y Peter Tanous se propusieron escribir un libro que el ciudadano de a pie, sin titulación ni formación en economía, pudiera entender. Han tenido éxito en sus esfuerzos por escribir la historia de cómo hemos llegado hasta aquí, cuál será el precio a pagar y cómo puede usted salvar sus activos financieros de la tormenta que se avecina.

Los autores declaran expresamente que no quieren difundir el miedo. Por el contrario, quieren que usted, el lector, comprenda cuáles son las verdaderas facturas que habrá que pagar en breve por la extravagancia de los últimos diez años. Creen que el conocimiento previo le permite estar preparado.

Si quiere proteger el dinero que tanto le ha costado ganar de los estragos del colapso de la deuda estadounidense y de la hiperinflación, lo mejor es que lea "Deuda, déficit y la desaparición de la economía estadounidense" y actúe rápidamente. Los autores le proporcionan estrategias sólidas para sus inversiones.

También ofrecen al gobierno estadounidense un plan detallado para sacar al país de la catástrofe económica una vez que ésta se produzca. Esto hace que sea una lectura obligada para usted y para los funcionarios de su gobierno mientras se preparan y se enfrentan a la depresión global que pronto levantará su fea cabeza.

¿Qué podría ser peor que escuchar "Te lo dije" mañana si no has hecho nada para protegerte hoy?

La inflación electrónica

¿Se ha preguntado alguna vez por qué el precio de las cosas que está acostumbrado a comprar sigue aumentando? ¿Te has preguntado alguna vez por qué un Ford Mustang de última generación en los años 60 valía 2.000 dólares mientras que hoy vale más de 27.000? O mejor aún, ¿has contemplado alguna vez las historias de tus abuelos sobre cómo pasaban todo el día con una sola moneda? Si la respuesta es afirmativa, permítame presentarle el misterioso fenómeno conocido como inflación. La inflación es el aumento constante de los precios de los bienes y servicios producidos en un país. En otras palabras, la inflación es la cantidad en la que disminuye el valor de su dinero. La inflación se calcula con una herramienta llamada IPC (Índice de Precios al Consumo) que examina el precio de ciertos productos básicos (la llamada cesta de la compra) y cómo cambian con el tiempo. Ahora vamos a intentar calcular la inflación para comprender mejor lo que implica.

. . .

Supongamos una economía que sólo consume manzanas, plátanos y naranjas.

Ahora, supongamos que formamos una cesta con las cantidades que consumimos de cada una, y su precio para determinar cuánto costaban hace un año

1 Manzana * 1(el precio de las manzanas hace un año) =1$

1 Plátano* 2=2$

1 Naranja*3=3$

Precio total de la cesta=6$.

Ahora, calculemos el precio de la misma cesta utilizando los precios de hoy (hipotéticos)

1 Manzana*1,5=1,5$.

1 Plátano*3=3$

1 Naranja*4,5=4,5$.

Precio total de la cesta a precios de hoy=9$.

Y como tal, se calcula la inflación. Ahora cuesta 9$ comprar las mismas cosas que antes costaban 6$. (9-6) / 6 dan un 50%, y eso es lo que se llama la tasa de inflación.

Así que, en el ejemplo anterior, se trata de una economía en la que el dinero pierde su valor en un 50% cada año.

La inflación es un dolor de cabeza para cualquier gobierno, porque influye en todos los demás factores de la economía.

Por ejemplo, basándonos en el ejemplo anterior, ningún inversor se sentiría atraído por invertir en un país cuya moneda pierde la mitad de su valor cada año.

La tasa de inflación recoge esta disminución del poder adquisitivo en forma de porcentaje.

Cabe mencionar que la inflación es un fenómeno económico muy serio al que todos los países prestan atención, y es característico de una economía sana y de un país desarrollado tener una tasa de inflación baja. La inflación suele estar causada por una de estas dos razones. En primer lugar, los consumidores se lanzan a una manía de compras, comprando todo, por lo que aumentan los precios de los bienes, lo que conduce a la inflación. La segunda razón viene del otro lado, el de los proveedores, cuando optan por guardar la mayoría de los bienes que poseen, por lo que venden muchas menos cantidades mientras que la demanda es la misma, lo que finalmente también conduce a la inflación Espero que hayas comprendido bien el concepto de inflación, cómo se calcula y cómo afecta a cada persona en la economía. La tasa de inflación es un muy buen indicador de la eficiencia con la que el gobierno dirige la economía del país.

Por favor, comprueba las tasas de inflación de Egipto si quieres tener una idea de cómo es vivir en un país dirigido por un grupo de ignorantes incompetentes.

. . .

F- PIB (Producto Interior Bruto)

Si hubiera que elegir un solo factor como el más importante de todos, sería el **PIB**. El Producto Interior Bruto es el valor de mercado de todos los bienes y servicios producidos en un país en un periodo de tiempo determinado (anual, trimestral o mensual). Lo que significa que es el valor del total de bienes y servicios que este país pudo producir en el período de tiempo especificado. Lo que hace que el **PIB** sea muy importante es que es el único factor que engloba todos los demás factores, ya que es la cifra que puede reflejar el conjunto de la economía. El objetivo económico de cualquier gobierno es aumentar el **PIB** de su país controlando todos los demás factores, como la inflación, los tipos de interés y los tipos de cambio.

G-Tipo de interés

El tipo de interés es el tipo que un inversor debe esperar recibir si decide colocar su dinero en un banco. El tipo de interés suele considerarse como el porcentaje de ganancia adicional que uno debe esperar, por haber asumido el riesgo de invertir y por haber prestado un dinero que podría haber utilizado para satisfacer sus necesidades personales. Es uno de los componentes clave de cualquier economía, ya que tiene un efecto importante en todas sus partes. Para comprender plenamente el tipo de interés y su efecto, hay que entender su segunda definición y su uso. El tipo de interés representa un factor diferente para la persona que quiere pedir dinero prestado. Al contrario que para el prestamista, el tipo de interés para el prestatario representa el coste adicional que debe pagar para adquirir una determinada suma de dinero. El tipo de interés es controlado, mantenido y modificado principalmente por el banco central del país.

H-Desempleo

Otro indicador económico que debe ser explicado es la cantidad de personas desempleadas en un país, medida por la tasa de desempleo. Un desempleado se define como aquel que está en edad de trabajar (más de 16 años y menos de 60), no tiene ninguna discapacidad que le impida trabajar (mental o física) y, por último, busca activamente un empleo. Si una persona cumple los tres criterios, entonces se le considera desempleado. El desempleo es muy grave porque se considera un problema económico y social. Por ejemplo, los países con mayor tasa de desempleo suelen tener mayores índices de delincuencia. El desempleo está presente en la más sólida de las economías, ninguna economía tiene una tasa de empleo del 100%. Los economistas estiman que debe haber al menos un 5% de la población activa en paro. Las razones por las que el desempleo no puede ser completamente erradicado se derivan de sus diferentes tipos que se van a tratar momentáneamente.

. . .

Hay cuatro tipos de desempleo: Friccional, estructural, estacional y cíclico.

El desempleo friccional es el tipo normal de desempleo; se produce como resultado de que la gente cambie de trabajo, siempre hay personas que buscan cambiar de trabajo. Asimismo, las personas que se toman un descanso de su trabajo por cualquier motivo se clasifican en el desempleo friccional.

El desempleo estructural es el que resulta que el mundo haya desarrollado nuevas tecnologías.

Pensemos en las personas que vendían cintas de vídeo. En la era de Netflix, esta tecnología, antes floreciente, ha disminuido con el paso de los años debido al avance de la tecnología. Las personas que fabricaban o vendían cintas de vídeo se ven obligadas a buscar otro trabajo.

El desempleo estacional es, como su nombre indica, el que se produce debido a los cambios de tiempo. Por ejemplo, el mercado del turismo en Egipto florece en verano, mientras que las personas que trabajan en este sector suelen encontrar mejores cosas que hacer cuando llega el invierno, ya que no hay demanda turística en Egipto en su invierno.

. . .

El desempleo cíclico es el más importante de los cuatro.

Es el desempleo que resulta que la economía del país haya decaído mucho, lo que hace que mucha gente pierda su trabajo, como ocurrió en EE.UU. Tras la crisis financiera de 2008

Oferta monetaria

La oferta monetaria se define como toda la moneda líquida dentro de una economía, es la cantidad total de dinero en efectivo, monedas y cuentas bancarias de ahorro que tienen sus ciudadanos. La oferta monetaria es una parte importante de cualquier economía, la razón por la que la oferta monetaria necesita ser monitoreada es porque no puede existir en exceso o escasez, ambos estados tienen consecuencias económicas negativas. La oferta monetaria tiene que estar siempre en la cantidad adecuada, ni más ni menos, por eso está muy vigilada y regulada.

Política fiscal y política monetaria

Sin duda, espero que a estas alturas hayas comprendido lo estupenda que es la economía de un país. Con semejante tamaño y complejidad, las cosas deben ser controladas para que no se nos vayan de las manos. La entidad que se encarga de gestionar la economía de un país es su gobierno, y lo hace mediante su política fiscal y monetaria.

La política monetaria de un país es la que se ocupa principalmente de decidir su tipo de interés y su oferta monetaria, que tienen un inmenso resultado en su economía.

La política fiscal de un país es la que se ocupa de la cantidad de impuestos que debe pagar el gobierno y de cómo debe gastar el dinero obtenido con esos impuestos.

5

La estabilidad de los precios y el periodo de consolidación

Tras la fase de transición, podría seguir un periodo de precios relativamente estables que podría llevar al mundo al siglo XXII. Esto podría verse facilitado por importantes cambios en el sistema monetario que ayudarían a mantener esta estabilidad. Esto no significa que los precios permanezcan estáticos. Por el contrario, con el tiempo y en conjunto, se mantendrían en torno al mismo nivel y disminuirían ligeramente debido a las mejoras tecnológicas y de eficiencia.

Esto tendría importantes consecuencias para los trabajadores, que se verían incentivados a mejorar su productividad para obtener un aumento de sueldo. El valor de los salarios reales aumentaría y esto se vería apoyado por la ligera disminución de los precios en general.

Por lo tanto, la desigualdad se reduciría. Las empresas (aunque probablemente no el sector financiero) prosperarían. Los gobiernos tendrían que encontrar nuevas fuentes de impuestos para sustituir la pérdida del impuesto sobre la inflación. Por último, el aumento de la prosperidad mundial a finales del siglo XXI podría provocar un aumento de la población y una nueva ola inflacionista volvería a empezar.

Un nuevo sistema monetario: Chicago o la quiebra

Es probable que el periodo de transición hacia la ola de consolidación sea turbulento para las finanzas mundiales.

Hemos visto que, históricamente, la transición suele ir asociada a algún tipo de calamidad y va acompañada de un descenso temporal de los precios. Es probable que un acontecimiento de este tipo, como el ejemplo del escenario de la crisis de los bonos, vaya acompañado de la demanda pública de una reforma completa del sistema bancario y monetario para garantizar que tales episodios no se repitan.

Además, puede haber tal desconfianza en el orden financiero existente que cualquier nueva innovación que parezca resolver los problemas sería examinada muy seriamente.

Una situación similar se produjo en la década de 1930 y dio lugar a propuestas como el Plan de Chicago. Este pretendía reformar el sistema bancario. Se debía crear un organismo que controlara la oferta monetaria y creara lo justo para cubrir el crecimiento natural de la economía, eliminando así en gran medida el ciclo de auge y caída.

Por definición, un mundo monetario tan estable tendría una inflación casi nula a largo plazo.

Como hemos visto, después de la Segunda Guerra Mundial los gobiernos se decidieron por una política diferente de inflación persistente y el Plan de Chicago fue rechazado. Sin embargo, la escala potencial de la crisis esta vez podría ser mucho mayor que la de los años 30 y podría afectar a tanta gente en tantos países que una reforma de algún tipo sería un resultado muy probable.

El formato de esa reforma es imposible de predecir. Sin embargo, su objetivo podría ser crear un mundo en el que la deuda no pueda descontrolarse en beneficio de determinados individuos. Se necesitaría un nuevo sistema monetario de confianza, transparente e independiente de la influencia de individuos, empresas o gobiernos.

El mundo del blockchain

Una de esas soluciones a estas nuevas exigencias podría basarse en el "blockchain", la tecnología que está detrás de las monedas digitales como el Bitcoin. La esencia de esto es que se mantiene un registro público y transparente de todas las transacciones que tienen lugar. La cantidad de dinero creada estaría regulada por alguna fórmula acordada y, por tanto, no estaría abierta a un fácil abuso por parte de individuos o gobiernos. Conceptos como el apalancamiento, la deuda y los derivados no existen con las llamadas criptodivisas basadas en la cadena de bloques.

Es poco probable que una criptodivisa existente como Bitcoin sea adecuada para su adopción global a largo plazo.

Esto se debe a que Bitcoin fue diseñado para tener un aumento en la oferta de dinero en un período de sólo 20 años y ese aumento estaba vinculado a la velocidad de las máquinas para minar bitcoins en lugar de estar relacionado con las necesidades económicas de dinero dentro de una economía. También ha tenido asociaciones desafortunadas con burbujas de activos y el submundo criminal.

Sin embargo, la tecnología en la que se basa tiene potencial y podría utilizarse para facilitar un nuevo sistema monetario para el mundo. Esto se debe a que podría crear un sistema monetario que cumpla con los tres criterios de Marcks para detener la inflación:

1. Podría proporcionar un proceso para regular y detener el aumento de la oferta monetaria neta.
2. Fomentaría la estabilidad de los precios (ya que el

valor del dinero no cambiaría) y así la inflación latente no podría acumularse.

3. No sería posible inventar dinero mediante el endeudamiento y, por tanto, los niveles de deuda no volverían a aumentar hasta niveles insostenibles.

La inflación nunca desaparecería

Es muy importante entender que no habría inflación cero en la ola de consolidación. Los cambios periódicos nunca desaparecerían, posiblemente como efecto de las guerras, la escasez, las subidas de precios de los productos básicos o las variaciones de los tipos de cambio. Las ideas keynesianas de inflación por atracción de los costes y por impulso de la demanda seguirían influyendo en las tasas de inflación a corto plazo, como siempre lo han hecho. Lo que sería diferente es que, en la mayoría de los casos, después de las subidas de precios, los precios globales acabarían volviendo a sus niveles originales, ya que no habría habido ningún cambio en la oferta monetaria neta.

Los precios de los más de 600 artículos individuales de un índice de precios típico también variarían, a veces sustancialmente. Los efectos de la oferta y la demanda no se extinguirían y algunos artículos podrían aumentar constantemente de precio debido a ello. Sin embargo, se produciría un arrastre general de niveles de precios más bajos de muchos artículos, ya que el impacto de la tecnología o las mejoras de la productividad reducirían su coste de producción.

En el mundo digital en el que vivimos cada vez más, el coste de producción de muchas cosas tiende a cero y el impacto total de esto se haría más evidente. La impresión en 3D, por ejemplo, podría tener un impacto masivo en la economía mundial cuando la tecnología evolucione completamente, posiblemente tanto como lo ha hecho Internet en las últimas décadas.

Un último factor clave es que estamos hablando de una inflación media mundial. Todavía puede haber algunos países que decidan organizarse aumentando su oferta monetaria e imprimiendo dinero. La inflación se produciría inevitablemente. Sin embargo, es probable que los cambios estructurales del nuevo orden financiero lo hagan más difícil y su impacto global en la inflación mundial sea mínimo. Recordemos que no hubo casos de hiperinflación en ningún lugar del mundo durante las tres últimas fases de consolidación.

Consecuencias para los salarios y la desigualdad

. . .

Uno de los principales efectos de la ola de consolidación sería inculcar en el mundo una perspectiva diferente con respecto a la inflación. Las subidas salariales anuales se convertirían en un recuerdo lejano.

En su lugar, los trabajadores sólo obtendrían aumentos salariales cuando estuvieran más cualificados o mejoraran su productividad. Además, el valor de los diferentes trabajos se haría más claro, ya que la gente conocería las tarifas a lo largo del tiempo y el panorama dejaría de ser confuso por el impacto de la inflación.

El efecto más probable de este cambio de actitud sería el de actuar como un fuerte incentivo para que la gente aumente sus salarios, ya sea mejorando su rendimiento en su trabajo actual o volviendo a capacitarse para conseguir otro trabajo mejor pagado. Con el tiempo, las personas podrían ver claramente el efecto de los cambios que han hecho ellas mismas en su salario y esto debería crear un bucle de retro-alimentación positiva. En contraste con el sistema actual, en el que la mayoría de las personas reciben aumentos de sueldo anuales tanto si hacen un buen trabajo como si no. Además, los datos demuestran que atribuyen erróneamente estas subidas a su propia habilidad y no a la inflación.

Si se combina este efecto de ligero aumento de los salarios medios con el descenso gradual general de los precios de los bienes y servicios, el poder adquisitivo neto del grueso de la población aumentaría.

· · ·

Por lo tanto, la desigualdad disminuiría como ya lo ha hecho antes en la ola de consolidación. Esto se vería reforzado por el hecho de que los ricos probablemente no verían las enormes ganancias de los precios de los activos que han visto en las últimas décadas. Los controles estrictos de la oferta monetaria se lo impedirían. Además, es más que probable que los ricos hayan sufrido un fuerte descenso de su riqueza durante el periodo de transición, lo que ya habría nivelado el campo de la desigualdad de forma significativa.

Consecuencias para las empresas

En contra del dogma establecido de que las empresas necesitan la subvención del impuesto sobre la inflación encubierta para sobrevivir, creo que el impacto global en las empresas sería positivo una vez superado el periodo de transición. Hay varias razones para ello.

Una de las principales consecuencias de una inflación casi nula sería la disminución de los costes para las empresas, al no tener que modificar constantemente los precios.

Estos costes de "piel de zapa", como los llaman a veces los economistas, significan que las empresas desvían tiempo y energía de actividades más productivas. La eliminación de la inflación como variable de las ventas de una empresa también facilita que las partes interesadas (tanto la dirección como los accionistas) vean realmente lo que está ocurriendo en una empresa. Por ejemplo, la reciente deflación de los precios de los alimentos en el Reino Unido ha puesto claramente de manifiesto la falta de crecimiento de los principales minoristas de alimentación, que antes no era evidente.

En su libro Less Than Zero, el profesor George Selgin expone una serie de argumentos por los que un mundo con inflación cero sería mejor para las empresas. Cree que conduciría a una mayor estabilidad macroeconómica con menos auges y caídas. También cree que permitiría que los precios y los salarios cambiaran sólo en los sectores en los que se produjera un cambio en la productividad o en los costes. También sostiene que las empresas tomarían mejores decisiones.

El otro impacto primordial en las empresas vendría dado por las diferentes condiciones de crédito provocadas por los cambios en el sistema monetario.

La reducción de las facilidades de crédito que probablemente se derivaría de la eliminación del privilegio de los bancos para inventar dinero tendría un impacto importante. Muchas menos empresas podrían maquillar su aparente rentabilidad mediante el apalancamiento y planes como la recompra de acciones. Esto animaría a las empresas a invertir en un intento de crear un verdadero crecimiento.

· · ·

El coste de la financiación también volvería a niveles en los que hay una prima de riesgo razonable. Esto desalentaría a las empresas zombis y crearía un clima para la evolución de nuevas empresas más innovadoras. Las fuentes de financiación también cambiarían y esto tendría implicaciones para las empresas. Es probable que aumente el crowdfunding de las nuevas empresas (es decir, la financiación por parte de inversores minoristas) y la financiación por parte de los inversores de capital riesgo (financiación por parte de inversores de alto poder adquisitivo). Es probable que estos inversores busquen una mayor transparencia, lo que podría conducir a una mayor eficiencia y a empresas más rentables.

Una diferencia clave con el mundo actual sería que el sector financiero sería mucho más pequeño.

Una combinación de destrucción de riqueza durante la fase de transición, la regulación y un nuevo sistema monetario reducirían significativamente el tamaño del mercado financiero mundial. Se trataría principalmente de una función administrativa con respecto al dinero. Los bancos de inversión seguirían existiendo, pero su capacidad para crear derivados opacos podría ser más restringida, especialmente si la próxima gran crisis financiera se agravara por ellos.

6

Las estrategias empleadas en el comercio de divisas

EL COMERCIO de divisas no es tan complejo como usted cree. De hecho, es bastante fácil si sabes qué hacer.

Análisis fundamental

Aquellos de ustedes que son expertos en el mercado de valores serán conscientes del análisis fundamental y técnico que se lleva a cabo en las acciones. Se trata de examinar los antecedentes de la empresa, calcular la relación P/E, calcular la relación de rendimiento de la inversión, etc. Todo ello se calcula para comprobar si una acción concreta está infravalorada y para invertir rápidamente en ella.

Pero este sistema sólo funciona en el mercado de valores y no en el mercado de divisas. El análisis fundamental que se realiza en el mercado de divisas es muy diferente.

· · ·

Aunque ambos se conocen como análisis fundamental, tienen en cuenta factores diferentes.

En el mercado de divisas, el análisis fundamental se refiere al estudio de las condiciones económicas que prevalecen en los distintos países para comprender su impacto en las fluctuaciones de las divisas. Veamos algunos de los factores que hay que comprender en detalle si se desea realizar este tipo de análisis sobre las divisas.

Tipos de interés

El primer factor que influye en los tipos de cambio son los tipos de interés. Los tipos de interés que prevalecen en un determinado país siempre están controlados por el banco central del país. Los tipos de interés controlan en gran medida el valor de las divisas.

De hecho, se ha observado que los meros rumores de cambios en los tipos de interés han generado mucho movimiento en los mercados de divisas. Ambos están estrechamente unidos y van de la mano. Por lo tanto, para saber si los tipos se verán afectados por la composición económica de un país, hay que vigilar los tipos de interés.

· · ·

Empleo

El escenario de empleo de un país determina el valor de la moneda local. Como se sabe, si una persona tiene empleo, tendrá el poder de comprar más. Esto repercutirá en el valor de la moneda. Acaba afectando a la inflación, y esto hará que el valor de la moneda aumente. Para ello, hay que observar el número de empleados y el número de desempleados. Si el número de empleados es mayor que el de desempleados, los precios se mantendrán estables.

Pero si hay una oleada de despidos, el valor de la moneda se verá afectado.

PIB

El PIB se refiere al producto interior bruto. El producto interior bruto se refiere a lo que gana la nación colectivamente. Incluye la renta per cápita y también el índice de precios al consumo. Hay que estudiar estos dos factores de una empresa si se quiere entender cuánto está ganando y cómo afectará al valor de la moneda. Algunos países consideran que es bueno que el PIB aumente, ya que indicará la estabilidad económica que reina en el país. Sin embargo, si el PIB aumenta, también significa que el valor de los bienes en el país está aumentando, lo que lo convierte en algo malo para la economía del país.

. . .

Los precios de los productos básicos

Los precios de los productos básicos tendrán una relación directa con el valor de la moneda del país. Hay que fijarse en los precios a los que se venden los productos básicos.

Te ayudarán a determinar si el valor de la moneda se mantendrá estable o fluctuará. Tienes que leer las noticias regularmente y ver si hay algún movimiento en los precios de estos productos básicos. Si es así, ¿hay noticias que afecten a la situación económica del país? Estas son las preguntas que habrá que hacerse y responder para llegar a la respuesta.

Condiciones meteorológicas

A veces, las condiciones meteorológicas extremas o las calamidades naturales también influyen en la cotización de la moneda. Hay que estar atento a las noticias para conocerlas y ver si realmente influyen en el valor de la moneda del país.

Estas son las diferentes cosas que usted debe mirar para ver si el valor de la moneda de un país en particular subiría o bajaría.

. . .

Análisis técnico

El análisis técnico del mercado de divisas se basa en el uso de matemáticas y estadísticas de alto nivel. Es comparable al enfoque que se adopta para calcular el análisis técnico relacionado con el mercado de valores. Hay algunas ecuaciones complejas que debe calcular, y se discuten a continuación.

Medias móviles

Las medias móviles se refieren a la utilización del poder de la tendencia para evaluar la dirección del mercado.

Como sabe, es muy importante que pueda evaluar la dirección del mercado. Como sabe, es muy importante que pueda predecir cómo se moverá el valor de la divisa a continuación. Para ello, lo mejor es repasar las diferentes tendencias que ha seguido el valor de la divisa en el pasado reciente. La idea básica es trazar la tendencia que ha seguido el precio. ¿Cómo avanza, dónde se encuentra el punto de reversión del precio, en qué momento es más rentable vender la divisa, etc.?

Existen tres tipos principales de medias móviles: la media móvil simple, la media móvil ponderada y la media móvil exponencial. El método de la media móvil simple es el más sencillo. Hay que tomar una serie de puntos de precio, sumarlos todos y luego dividirlos por el número total de puntos de precio. Se trata de un método muy básico, pero bastante eficaz. El siguiente tipo es el método de la media móvil ponderada. En este método, se asignan los números de los índices en función del momento en que se calcularon. El más antiguo recibe 1 y así sucesivamente. El tercer método es el de la media móvil exponencial e implica cálculos matemáticos extremos, que van más allá del alcance de este libro.

Bandas de Bollinger

Las bandas de Bollinger son el siguiente análisis técnico por el que debe pasar su par de divisas. Este tipo fue desarrollado por John Bollinger. Se trata de entender la volatilidad en tiempo real que atravesará un par de divisas. Al igual que las medias móviles, aquí también hay ciertas situaciones en las que hay que emplear esta técnica para llegar a los resultados adecuados. Por ejemplo, hay que utilizar las desviaciones estándar como herramienta para medir el patrón de fluctuaciones del par de divisas.

Del mismo modo, hay que utilizar otras herramientas estadísticas y utilizarlas en relación con las bandas de Bollinger para llegar a una tendencia determinada.

Índice de fuerza relativa

. . .

El índice de fuerza relativa es una gran herramienta estadística que puede utilizar para comprobar si una divisa está valorada a un precio correcto o está sobrevalorada o infravalorada. Es importante que compruebe esto, ya que necesita comprar una divisa que esté valorada al precio correcto.

Una vez que aplique esta técnica sobre la tendencia de la divisa, encontrará un número. Si el número es 30 o menos, entonces la divisa está sobrevendida, y si es 70 o más, significa que está sobrecomprada. Ambas cosas pueden ser malas para cualquier divisa. Por lo tanto, hay que alejarse de ellos y buscar pares que se encuentren en el medio. El cálculo del RSI es generalmente visto como una tarea tediosa. Pero la buena noticia es que hay muchos programas informáticos disponibles que calcularán fácil y rápidamente la cantidad para usted sin tener que poner demasiado esfuerzo hacia ello.

Oscilador estocástico

El oscilador estocástico es un sistema que puede utilizar para observar la diferencia de precios de las divisas y utilizar una escala para medirla. Esto también requiere que usted realice un cálculo estadístico en profundidad que puede hacer fácilmente utilizando un sencillo software. El software le dará un resultado rápido y no tendrá que hacer todos los cálculos.

Retrocesos de Fibonacci

. . .

Si conoce la secuencia de números de Fibonacci, encontrará esta técnica fácil de adoptar. Hace uso de la secuencia de números de Fibonacci para encontrar la tendencia que seguirá la divisa. Es un enfoque predictivo y está destinado a ayudar a entender si los pares de divisas serán o no una inversión lucrativa.

Estos son los diferentes análisis técnicos que se pueden realizar para entender la tendencia de las divisas.

Análisis sentimental

El análisis sentimental se refiere a la comprensión del sentimiento de los inversores en el mercado. Hay que analizar su estado de ánimo y ver lo que piensan sobre una determinada divisa. Si están interesados en comprarla o si desean alejarse de ella. Hay que entender el rumbo que tomarán para tomar su propia decisión. En general, hay que seguir a la multitud si se desea hacer una inversión segura. Pero si quieres hacer algo diferente, entonces debes moverte en contra de la multitud.

Cobertura de Forex contra la inflación

. . .

Es obvio que todo inversor se preocupará por la inflación en algún momento. Por ello, el inversor puede recurrir a la cobertura. La cobertura consiste en proteger la inversión de posibles pérdidas futuras. El comerciante comprará un activo con un precio mucho más alto. De este modo, incluso si el valor de la divisa disminuye, el operador puede proteger su inversión. El mercado de divisas se compara a menudo con las inversiones en oro, ya que ambas ofrecen una protección similar contra la inflación.

7

¿Superará el Bitcoin al dólar?

DURANTE AÑOS, el dólar estadounidense ha reinado como la divisa más utilizada y más extendida del mundo.

El equivalente monetario de un corazón global que mantiene la sangre del comercio fluyendo. Sin embargo, en los últimos tiempos este estatus ha empezado a decaer.

Algunos dicen que esto podría ser el comienzo de una tendencia que ve cómo otras monedas y activos ocupan su lugar. ¿Malas noticias? Bueno, todo depende de quién sea usted y de lo que posea. Así que, si tienes Bitcoin o estás pensando en invertir en él, entonces no puedes perderte lo que voy a compartir contigo.

El dólar es un activo y su valor está determinado, por supuesto, por su precio. ¿Y cómo se ha comportado ese precio recientemente? Pues no muy bien. La mejor manera de hacerse una idea del valor de una moneda es compararla con la de sus socios comerciales a nivel mundial. Por eso tenemos el índice del dólar estadounidense. El índice del dólar no es más que una medida del tipo de cambio del dólar con respecto a una cesta de monedas de los socios comerciales de EE.UU. a nivel mundial. Este índice ha estado en un descenso sostenido desde principios de 2020. En efecto, ha bajado más del 10% desde principios de marzo de 2020. ¿A qué se debe esto? Bueno, se reduce a una de las disciplinas económicas más fundamentales de todas: la oferta y la demanda. Al igual que la ley de la gravedad de Newton, estos principios económicos se aplican a todo, incluida la moneda de reserva del mundo. Como sabemos por la economía, el equilibrio entre la oferta y la demanda de un activo repercute en su precio. En el caso de una moneda, es el precio de dicha moneda en relación con otras, de ahí el índice del dólar. Lo que se sabe entonces es que ha habido un exceso de dólares en el mercado abierto con una demanda que no ha sido capaz de seguirle el ritmo. Cuando se ve en ese marco, tiene sentido por qué el índice del dólar está en la degeneración. Se ha producido un rápido descenso de la actividad económica de los Estados Unidos a causa de la pandemia.

Esto ha significado que la demanda de utilidad natural de dólares también ha estado en declive. Sin embargo, para responder a la caída de la actividad económica, la FED ha encendido las máquinas de imprimir. Los programas de compra de bonos y la flexibilización cuantitativa han supuesto unos niveles de estímulo monetario sin precedentes que han inundado el sistema de dólares. Más dólares flotando con menos demanda, por lo tanto, significa que el precio, por supuesto, reaccionará. Esto es lo que ha impulsado la caída del índice del dólar. Sin embargo, es importante tener en cuenta que este índice del dólar es un concepto distinto al de la inflación, aunque están bastante relacionados, la inflación no es más que una comparación del poder adquisitivo del dólar con los bienes y servicios en general, mientras que el índice del dólar es una comparación con otras monedas.

Un dólar débil en comparación con otras monedas encarecerá las importaciones, lo que, por supuesto, también podría impulsar la inflación. Lo más importante es que las personas que han conservado dólares en sus cuentas bancarias han tenido un activo que se deprecia rápidamente. La pregunta más importante que debemos hacernos es si es probable que esto continúe. Hay una serie de factores macroeconómicos globales que debemos tener en cuenta.

Factores que repercuten no sólo en la oferta y la demanda de dólares, sino también en la relación con otras divisas.

Empecemos por uno de los mayores y más antiguos lastres para la divisa: el creciente déficit comercial. En pocas palabras, el déficit comercial es la diferencia entre las exportaciones y las importaciones de un país. Algunos países pueden tener un déficit mientras que otros tienen un superávit, cuando se trata de los Estados Unidos, que tienen un déficit bastante grande de cerca de 540 mil millones de dólares. Esto ha empeorado aún más desde el comienzo del virus Covid, ya que Estados Unidos abrió su economía y los consumidores comenzaron a importar bienes y servicios. El deterioro de la cuenta corriente en el segundo trimestre del año pasado fue el peor registrado.

Ahora Estados Unidos es deficitario con varios países, pero quizás los mayores déficits que tiene son con China, Japón y Alemania. Entonces, ¿por qué el déficit comercial es malo para el dólar? Bueno, si la gente en los Estados Unidos está comerciando con más bienes y servicios del extranjero, entonces van a estar pagando por esto en dólares. Esto significa que los países que están exportando a estos clientes tendrán que convertir ese USD en su moneda nativa para hacer frente a sus costes.

Por lo tanto, esto significa que hay una gran presión de venta en dólares, lo que por supuesto hace bajar el precio.

Ahí es donde estamos ahora, pero ¿es probable que esto continúe? Pues yo creo que sí. Esto es sólo parte de la tendencia en el declive de la fabricación estadounidense.

· · ·

China se ha convertido en el principal centro de fabricación del mundo, lo que significa que Estados Unidos tendrá que seguir importando de ellos. Además, si los numerosos aranceles y barreras que Trump puso contra China no pudieron revertir la tendencia, entonces es difícil ver cómo Biden podría superar eso. Lo único que podría frenar esto podría ser que Estados Unidos se volviera más competitivo en lo que respecta a la fabricación. Pero cambiar estructuralmente el mercado laboral estadounidense no es algo que pueda suceder en un año o dos, y esto es sólo el componente de bienes del déficit de la balanza de pagos. También hay que tener en cuenta el componente de capital. Dado que ha habido una explosión del gasto público y una falta de ahorro interno, Estados Unidos tiene que importar el excedente de ahorro del extranjero si quiere invertir y crecer. El déficit del presupuesto de Estados Unidos es ahora tan pronunciado que les será difícil ahorrar internamente en algún momento. Deben importar esos ahorros y reservas.

No parece que las cosas vayan a mejorar por el lado de la balanza de pagos durante bastante tiempo. Pero hay otro factor mucho más consecuente que ha estado impulsando la depreciación del dólar recientemente y es su exceso de oferta general. La cantidad de dinero que se ha inyectado en el sistema es realmente asombrosa. El año pasado se imprimió una quinta parte de toda la masa monetaria estadounidense en un solo año. En sus 107 años de historia, el 20% de todo el dinero en circulación se imprimió en 2020. No hace falta que te diga qué efecto tiene esto en el valor del dólar estadounidense. El exceso de oferta con una demanda limitada, por supuesto, disminuye su valor. No sólo por el poder adquisitivo y la inflación, sino también por su valor en relación con otras monedas; la depreciación. Sabemos que la FED ha participado en la disminución del valor del dólar, pero ¿es probable que esto continúe? Pues parece que sí, al menos a corto plazo. En una última cumbre virtual, Powell dijo que el estímulo monetario se mantendrá hasta bien entrada la recuperación. Dado que la recuperación parece haberse estancado más recientemente, se puede suponer que las prensas de impresión no se frenarán pronto. Actualmente, la FED está comprando 120.000 millones de dólares de bonos del Tesoro y valores respaldados por hipotecas cada mes. 120 mil millones de dólares de fondos adicionales que probablemente continuarán durante los próximos meses.

Lo que todo esto significa, por lo tanto, es una creciente sobreoferta del dólar estadounidense y, por lo tanto, una caída de su valor en relación con otros dineros. Esa será la inevitable inflación a la que podríamos enfrentarnos una vez que salgamos de la pandemia. Esta oleada de dinero de los jumbos va a ser un fuerte viento en contra para el dólar estadounidense en los próximos meses. Sin embargo, hay una razón más que podría suponer un lastre adicional para su valor, y es su uso global. Más concretamente, su uso en el comercio y como moneda de reserva. Desde la creación del sistema de Bretton Woods en 1944, el dólar estadounidense ha sido considerado la moneda de reserva mundial. De hecho, hasta 1971, todas las demás monedas estaban vinculadas al dólar a un tipo de cambio fijo. Sin embargo, las cosas han cambiado considerablemente desde entonces. A medida que otros estados han tratado de limitar su dependencia del dólar, también ha disminuido su uso global. Esto ha sido provocado por la pandemia y las prácticas comerciales más hostiles. Por ejemplo, en octubre de 2020, el euro superó al dólar como moneda más utilizada para los pagos mundiales. Algo que no ocurría desde hace años, y parece que esta tendencia va a continuar. Esto se debe a que la UE está haciendo un esfuerzo concertado para dirigir la mayoría de los pagos europeos hacia el euro. Más recientemente, la Comisión Europea ha esbozado planes para aumentar el papel del euro en los pagos e inversiones internacionales.

Por ejemplo, va a ofrecer incentivos para que los participantes en el mercado europeo trabajen con cámaras de compensación de divisas con sede en Europa, y los europeos no son los únicos. Tanto China como Rusia han indicado que les gustaría dejar de depender de la liquidación en dólares estadounidenses, y esto fue incluso antes de la pandemia y la tumultuosa geopolítica del año pasado. Lo que todo esto nos muestra es que la demanda de utilizar el billete verde como medio para engrasar los engranajes de las finanzas y el comercio mundial, es probable que disminuya en los próximos años. A medida que esta demanda transaccional comience a disminuir, también lo hará su precio en relación con otras monedas. Esto no es más que el uso del dólar como medio de cambio. Tampoco debemos olvidar que los bancos centrales extranjeros mantienen los dólares como reserva para protegerse. Se puede pensar en esto como la demanda de inversión de dólares estadounidenses. Aquí hay un gráfico que muestra el porcentaje del dólar estadounidense en las monedas de reserva mundiales. Como se puede ver, ha habido una caída sostenida de este porcentaje en los últimos siete años. Gran parte de esto se debe a las mismas preocupaciones geopolíticas que acabo de mencionar, pero aparte de eso, simplemente tiene sentido práctico. ¿Por qué querría un banco central extranjero mantener una moneda cuyo valor puede verse fácilmente afectado por las acciones de la FED?

Además, estos bancos centrales confían en la solvencia y la fortaleza de las finanzas estadounidenses, que a veces pueden considerarse dudosas. Además, los tiempos han cambiado considerablemente para algunos de los mayores bancos centrales. Atrás quedaron los días en que no había alternativas razonables al dólar estadounidense. Otras monedas mundiales como el yen, el euro y la libra esterlina han ganado cuota de mercado, y fíjese en el crecimiento del uso del RMB chino. Se trata de un aumento bastante sustancial que se produjo a raíz de que el RMB se convirtiera en moneda de reserva oficial en 2016. No sólo ha sido la moneda en la que estos bancos han estado diversificando; también han sido compradores netos de oro desde 2010.

Lo que todo esto significa es que hay menos demanda de dólares por parte de los bancos centrales. Menos demanda para utilizarlo como depósito de valor. Si unimos esto a todos los demás factores que he mencionado anteriormente, no es de extrañar que el valor de los dólares estadounidenses haya disminuido. Esa es mi predicción para la trayectoria del dólar estadounidense.

. . .

Pero no teman, porque les voy a decir por qué este descenso del dólar es el factor más alcista que podría impulsar al Bitcoin. Ya no es una quimera.

El Bitcoin se perfila como una de las mejores apuestas frente a la caída del valor del dólar. Esto es gracias a las muchas características que lo convierten en un almacén de valor tan increíble. Oferta limitada, inmutabilidad y transparencia. De hecho, ha surgido como un tema entre estos inversores. El Bitcoin es una cobertura contra la inflación y el dólar que puede utilizarse para proteger su riqueza de estas tendencias sostenidas. Las empresas de Wall Street están haciendo la clara conexión entre la debilidad del dólar, la inflación y el Bitcoin. Entre ellas están JP Morgan, Paul Tudor Jones, Blackrock y la lista continúa. Basta con echar un vistazo a la inmensa cantidad de adopción institucional que hemos visto en el último año. Sé lo que estás pensando; estos son Wall Streeters de alto alfa impulsados por el riesgo - por supuesto que se sienten cómodos con Bitcoin. Bueno, el año pasado también se anunció que MassMutual, un fondo de seguros, iba a invertir en Bitcoin. Los fondos de seguros son mucho más reacios al riesgo que los gestores de dinero tradicionales, y mucho más recientemente, se reveló que las dotaciones de Harvard, Yale, Brown y la Universidad de Michigan han comenzado a comprar Bitcoin. Tómese un segundo para pensar en eso; los fondos que tienen la tarea de preservar el capital durante generaciones están invirtiendo en Bitcoin. Son una clase de inversor completamente diferente que se centra en el crecimiento constante y la preservación del capital.

. . .

Se centran principalmente en la macroeconomía global y están invirtiendo en Bitcoin basándose en las tendencias globales, una de las cuales es, por supuesto, la cobertura de la devaluación del dólar estadounidense. Si los fondos de la Ivy League UNI Endowment invierten en Bitcoin, ¿cuánto tiempo cree que pasará antes de que los fondos de pensiones empiecen a mojar los pies? Su perfil de inversión no está tan lejos, y Wall Street ya ha empezado a construir la infraestructura necesaria para atender las necesidades de estos grandes inversores. Fíjese en todos los bancos y gestores de activos que están empezando a ofrecer soluciones de custodia de Bitcoin. Blackrock, Fidelity e incluso Goldman Sachs. O, ¿qué hay de los fondos de inversión regulados? Todos conocemos el explosivo crecimiento del AUM de Greyscale, pero hay otros fondos que han abierto sus puertas. No olvidemos tampoco que hay una serie de solicitudes de ETF de Bitcoin que se han presentado. También tenemos una SEC más amigable con las criptomonedas y si una de ellas se aprueba, dará a toda una franja de nuevos inversores la oportunidad de comprar en Bitcoin. Todo esto es conocido y, por supuesto, extremadamente positivo para el Bitcoin. Pero hay una clase de inversor que podría tener interés en comprar algo de ese oro digital y es uno al que acabo de aludir. Hay una posibilidad bastante decente de que podamos ver a un banco central extranjero comenzar a asignar algunas de sus reservas hacia Bitcoin. Es lógico.

Es una fuerte cobertura del dólar y de la inflación y les permitiría diversificarse, alejándose por completo del concepto de reservas fiduciarias en moneda extranjera.

. . .

Estos bancos centrales están más que dispuestos a invertir en oro como reserva de valor. Sin embargo, este último supera al primero. Cuando se trata de un banco central, los principales beneficios de Bitcoin vienen con su facilidad de almacenamiento y conversión. No hay necesidad de depender de un banco para guardar el dinero en efectivo o de una cámara acorazada para guardar el oro. Un simple dispositivo de hardware podría, en teoría, guardar las claves de las reservas de todo un banco central. No soy el único que piensa que los bancos centrales podrían sumergirse en estas aguas. Los chicos de Masari lo mencionan como una posibilidad en su tesis de inversión en criptomonedas de 2021. Lo ven como algo potencialmente atractivo para los bancos centrales de aquellas monedas más pequeñas de los mercados emergentes que son bastante volátiles. ¿Todavía crees que es una quimera? Bueno, aquí está el ex primer ministro de Canadá, refiriéndose a Bitcoin como una moneda de reserva alternativa al dólar.

La cantidad de dólares que actualmente tienen en reserva estos bancos centrales extranjeros es inmensa.

Un poco de diversificación con algunos de estos bancos podría disparar el precio de Bitcoin. Eso es sólo porque hay muy poco de él para ir alrededor. Está bastante claro que el valor del dólar estadounidense está en declive. Aunque esta tendencia puede haber estado presente antes de la pandemia, no hay duda de que la ha desencadenado. Además, teniendo en cuenta muchos de los factores macroeconómicos mencionados anteriormente, parece que esta tendencia va a continuar al menos en el futuro inmediato. El déficit por cuenta corriente está creciendo. La FED sigue imprimiendo. Los gobiernos extranjeros se están diversificando y los bancos centrales se están cubriendo. Cuando se combinan estas fuerzas, no parecen pintar un cuadro bonito para el dólar. Por supuesto, el dolor de un hombre es la ganancia de otro.

Es probable que las coberturas en dólares se vuelvan extremadamente populares. Esto es especialmente cierto cuando la devaluación se combina con una inflación más amplia. El Bitcoin es quizás una de las mejores coberturas del dólar que existen, y esto no es una opinión, sino que se está convirtiendo en un conocimiento común. Basta con echar un vistazo a todas las instituciones, fondos corporativos y dotaciones que han asignado partes de su cartera a Bitcoin. La última pieza de ese rompecabezas puede ser, de hecho, los bancos centrales.

Como hemos visto con las corporaciones, todo lo que se necesita es que uno de ellos rompa el estereotipo, para dar el paso y, con suerte, iniciar una tendencia. Si esa tendencia se consolida, entonces agárrense a sus conjuntos porque esto va a ser una locura. Esa es mi miserable visión general del dólar, pero súper alcista del Bitcoin.

8

Protocolo de Préstamo para Cripto Préstamos

CUANDO SALGO a la caza de joyas de altcoin de pequeña capitalización, hay una serie de cosas que busco. Factores que, cuando se juntan, aumentan sustancialmente la posibilidad de que la elección sea un acierto. Estos incluyen factores tales como la solución de un problema apremiante, ser uno de los primeros en hacerlo, mientras que se construye en un ecosistema menos saturado que tiene un token bien apoyado y uno de los proyectos más prometedores que he encontrado recientemente que cumple con estos criterios es Litentry o Lit. Para entender Litentry, hay que apreciar el problema que está tratando de resolver. Simplemente, todo se reduce a la gestión descentralizada de la identidad. Esencialmente, ¿cómo se asignan identidades únicas a determinados usuarios en una cadena de bloques descentralizada?

¿Cómo se sabe que una dirección de cartera concreta con la que se está tratando está controlada por un individuo único? ¿Cómo puedes saber quién es ese individuo? Ya sé lo que está pensando: las criptomonedas se basan en el anonimato, nadie necesita saber quién soy. Bueno, eso es cierto sólo en parte. Hay ciertos límites al potencial que DeFi puede alcanzar sin poder adjuntar identidades a las direcciones. Por ejemplo, cómo podemos tratar cosas como los préstamos y la delegación de créditos. Ahora mismo se puede pedir un préstamo en DeFi, pero todos estos préstamos están fuertemente sobrecolateralizados. A día de hoy, no conozco ningún protocolo DeFi que ofrezca la funcionalidad de préstamo para préstamos por debajo de un mínimo de 140% de colateralización. Esto es principalmente por un punto muy simple; no sabes a quién le estás prestando. No tienes ningún recurso si no devuelven el préstamo. No puedes verificar su historial de crédito DeFi. Así que es lógico que pidas más garantías de las que ellos piden para el préstamo. En cuanto al punto de la delegación de crédito, no voy a avalar a nadie más en la blockchain a menos que sepa quién es. Pero ése es sólo uno de los problemas que surgen sin la atribución de identidad. Otro viene de la mano de la gobernanza descentralizada. En la actualidad, la mayoría de las cadenas de bloques con prueba de participación tienen un modelo de gobierno en el que la posesión de tokens determina el peso del voto de alguien.

Se puede pensar que el mecanismo de gobierno está descentralizado porque hay varios monederos diferentes, pero no hay forma de saber si esos monederos están controlados por un pequeño grupo de individuos. Esto es, por supuesto, un riesgo, ya que sabemos que la centralización podría dar lugar a conflictos de intereses, cuando se trata de sistemas de votación. Éste es sólo uno de los posibles problemas que preveo cuando no se puede determinar adecuadamente el grado de descentralización de un protocolo. Por ejemplo, ¿qué pasa con aquellos casos en los que un proyecto quiere emitir un único airdrop a todos aquellos individuos que han utilizado la red?

Hemos visto numerosos ejemplos de esto en el espacio DeFi, incluyendo Uniswap y 1 inch. Esto es genial y todo, pero lo que han hecho es que han airdropped estos tokens basados en direcciones únicas y no en identidades únicas.

Así que lo que esto significa básicamente es que, si tienes más de una dirección que utiliza cualquiera de estos protocolos, todos ustedes han conseguido el airdrop a más de una dirección. Pero a pesar de que pienses que es justo o no, está completamente dentro de las reglas definidas por el protocolo.

Algunos pueden utilizar las reglas en su beneficio, pero si hubiera habido una forma de que Uniswap hubiera podido identificar a los usuarios únicos, podrían haber enviado el airdrop sólo a aquellos que sabían que eran únicos. Estas son sólo algunas de las ventajas que se derivan de poder identificar las identidades en cadena, y ahí es exactamente donde entra Litentry. Litentry es un proyecto que está desarrollando una plataforma para agregar y gestionar Identificadores Descentralizados o DIDs a través de numerosas blockchains diferentes. Básicamente es una plataforma para que los proyectos y protocolos gestionen y utilicen los DIDs como entrada a nuevas y emocionantes funciones. Y lo que es más importante, Litentry está tratando de construir un protocolo que permita que estos DIDs se utilicen de forma privada y segura. En cuanto a la red subyacente, Litentry se basa en Substrate. Substrate es un marco para construir blockchains descentralizados. Es muy eficiente y fácil de construir. Sin embargo, una de las cosas más interesantes de construir sobre Substrate es que es compatible de forma nativa con Polkadot. Esto significa que eventualmente podría ser lanzado como un Parachain en la red Polkadot.

Los beneficios de esto son inmensos. Ethereum está pasando por algunos problemas graves de escalado actualmente y hasta que se lance Ethereum 2.0, es poco probable que las cosas mejoren mucho.

Polkadot será mucho más escalable que Ethereum, dada la naturaleza única de su mecanismo de consenso.

Además, a través de esta arquitectura única de Parachain significa que los DAPps construidos en Parachains de Polkadot son interoperables. Pueden utilizarse en otras cadenas de bloques y ecosistemas. Por supuesto, hay mucho más en Polkadot que esto. Lo que es importante saber es lo que esto significa para Litentry. Significa que puede utilizarse para la gestión de identidades en varias cadenas. No tiene que limitarse únicamente al ecosistema de Polkadot. Esto significa que las DAPps que se construyen en Ethereum. Cosmos o Filecoin pueden hacer uso del sistema did desarrollado por Litentry. DAPps como Compound, Uniswap y AAve podrían utilizar los servicios de identidad crosschain de Litentry para ampliar sus líneas de productos. Por ejemplo, en AAve también hay delegación de crédito. Esto significaría básicamente que alguien podría respaldar el crédito de otra persona en la plataforma AAve. Aunque dado que no hay forma de confirmar la identidad y el historial crediticio de estos usuarios de forma nativa, tenían que subcontratar esto a los contratos inteligentes de derecho abierto. Dicho esto, si pudieran utilizar un servicio como Litentry, esto podría hacerse sin problemas y en cadena. Podrían verificar inmediatamente el registro de crédito descentralizado de la contraparte de forma privada y segura.

Litentry suena emocionante, pero ¿cómo funciona?

Echemos un vistazo a la arquitectura de Litentry. En primer lugar, echemos un vistazo a la tecnología del lado del usuario y la pieza principal de la tecnología aquí es la aplicación móvil Litentry. La aplicación estará integrada en la red de latencia y permitirá a los usuarios participar en el proceso de gobernanza y acceder a los servicios basados en la identidad. La aplicación también podrá vincularse a otras redes e incluso a algunos sistemas tradicionales de verificación de la identidad, como LinkedIn.

También podrán gestionar aquí los incentivos de Litentry y utilizarla también como monedero de criptomonedas.

. . .

La aplicación incluirá el autentificador Litentry. Este es el centro de datos e identidad móvil para el ecosistema de la web 3.0. Puedes tener una idea de cómo se ve esto en la propuesta inicial de la aplicación en sus documentos.

También tienen un repositorio en github dedicado a la aplicación que también puedes ver.

Lo que es bastante bueno es que también puedes probar algunas características en la entrada tardía en este momento con su patio de recreo DAPp. Esto es básicamente un centro de aplicaciones web descentralizadas construidas en Litentry. Demuestra cómo funcionará la autenticación de dos factores. Puedes utilizarlo sin contraseñas ni registro para hacerte una idea de cómo funcionará la tecnología. Estas son las características del lado del usuario, sin embargo, la verdadera tecnología que se ha desarrollado está en el lado del desarrollador. En primer lugar, está el núcleo de la red Litentry. Está construida sobre Substrate y, por lo tanto, utiliza uno de los frameworks más conocidos que existen. Un marco que incluye algunos de los mecanismos de consenso bizantino más robustos y eficientes. En un nivel más técnico, el protocolo de ejecución de Litentry será capaz de vincular una cuenta a través de todas las demás cadenas, utilizando ese identificador único. Los usuarios de Litentry pueden firmar las transacciones vinculadas a su identidad única con una clave privada. Las ventajas de esto son que los datos del usuario pueden ser compartidos, pero de forma privada. En realidad, no se comparte nada sobre el propio usuario, aparte del identificador único. Este identificador también puede vincularse a los criptoactivos de la cadena para verificar la información relevante para la delegación de créditos. La mecánica exacta del funcionamiento de la red Litentry está fuera del alcance de este libro.

Lo más importante que hay que sacar de esta arquitectura de sustrato es la capacidad de actualizarse fácilmente para convertirse en una Parachain en el ecosistema Polkadot. Otra cosa que Litentry está construyendo en su pila tecnológica es un SDK o Kit de Desarrollo de Software. Esto será esencial para animar a los desarrolladores a construir aplicaciones del lado del cliente sobre la red Litentry. Actualmente soportan Javascript, que es uno de los lenguajes de programación más populares, lo que facilitaría la adopción por parte de los desarrolladores de la red. También debo señalar que en el libro blanco de Litentry dicen que están planeando añadir más soporte de lenguaje a estos SDKs, y una pieza final de la arquitectura de latencia es su Light Client Services. Estos básicamente permiten que las aplicaciones móviles de Litentry sean independientes de los servidores de terceros. Más técnicamente, significa que estas aplicaciones pueden conectarse directamente al blockchain de Litentry sin tener que depender de ningún nodo. Esto, por supuesto, tiene beneficios cuando se trata de confianza y descentralización. Evita cualquier situación en la que nodos maliciosos puedan alimentar con información falsa a los clientes. Esta es una visión general de la arquitectura de Litentry. Algo que sin duda es fundamental para la red y el ecosistema de Litentry es el token Lit. Lit es el token de utilidad nativo en la red Litentry y realiza una serie de funciones diferentes. En primer lugar, se utiliza para pagar las tasas.

Hay una serie de tarifas diferentes que los usuarios tendrán que pagar en la red. Entre ellas se encuentran las tasas de transacción para evitar el spam en la red, las tasas de correspondencia que pagan las aplicaciones a los creadores de identidades, lo que incentiva a más personas a apostar identidades en la red, y las tasas de validación que se pagan a los llamados guardianes de identidades, que se encargan de validar las identidades apostadas y de ordenar los datos en un formato aceptable. Esa es la utilidad generada por las tasas en la red, pero los tokens Lit también se utilizan para apostar. Los registradores de identidades son terceros que pueden crear bases de datos de identidades indexadas. Estas bases de datos se consultan para los identificadores descentralizados. Para asegurarse de que estos registradores tienen piel en el juego, tienen incentivos y desincentivos monetarios. Esto significa que, si hay algún comportamiento deshonesto, se les rebajará o perderá la apuesta. Por supuesto, también ganarán recompensas por prestar estos servicios de identidad. Estas recompensas en bloque para los stakers se pagan en Lit. También debo señalar que porque el Lit tendrá valor económico dentro de un ecosistema DeFi.

También puede utilizarse como garantía.

. . .

Por ejemplo, si alguien con un verificador de identidad en la red de entrada de Lit quiere prestar algo de cripto, entonces puede depositar Lit como garantía, así que esa es otra forma de utilidad allí mismo.

Y por supuesto, como es el caso de la mayoría de los protocolos DeFi, Lit también se utilizará en el gobierno descentralizado del protocolo. Determinará el poder de voto de los individuos en la red. Esto podría suponer decisiones como la funcionalidad a añadir a la red o la eliminación de los guardianes deshonestos. Un caso más de uso para el que estarán, los Lit tokens serán una subvención que el equipo asigna a dos desarrolladores que construyen en Litentry, así como un mecanismo de incentivo.

Dado que estos desarrolladores han sido recompensados con una parte económica de la red, ganarán esas recompensas. Litentry ha desarrollado bastantes casos de uso para su token. No he visto muchos proyectos en esta fase de desarrollo que hayan estructurado un ecosistema tan completo para sus tokens, pero para entender su potencial a largo plazo, tenemos que echar un vistazo a la tokenómica. En primer lugar, empecemos con la distribución inicial de los tokens. Hay una oferta total de 100 millones de Lit.

Estos tokens se dividieron de la siguiente manera: el 15% para el equipo de Litentry, el 8% fue para los inversores iniciales, el 12% para la venta privada y otras ventas, el 17%

se reservará para la fundación para ser utilizado como subvenciones, el 3% para el fondo de lanzamiento de Binance y un 45% completo para permanecer como incentivos de la red en el sistema de subastas Parachain.

En cuanto a la distribución inicial, creo que es razonablemente justa. Si incluimos la asignación de los fundadores en el cubo de incentivos de red más amplio, incluyendo el fondo de lanzamiento, es un 65% completo que finalmente se liberará a la comunidad. Sin embargo, lo importante desde la perspectiva de la inversión es determinar los posibles vientos en contra de la oferta a partir de los calendarios de desbloqueo de tokens. Sin duda, los usuarios están preocupados por la posibilidad de que las ventas iniciales se vuelquen en el mercado. Pues bien, el lanzamiento inicial es razonable, con periodos de desbloqueo constantes cada trimestre. En otras palabras, no hay grandes acantilados de liberación que podrían inundar los mercados con la oferta. El 3% liberado durante el pool de lanzamiento de Binance ya ha sido distribuido y está en oferta de circulación. Las subastas de Parachain y la inflación de las recompensas en bloque no comenzarán hasta noviembre de 2025.

Una vez que comiencen las recompensas en bloque, la tasa de inflación se determinará por la cantidad que se apueste en la red. El objetivo de participación en la red es del 70%, lo que implicaría una tasa de inflación del 5%.

. . .

Esto es bastante suave para una blockchain de prueba de apuestas. Por lo tanto, desde la perspectiva de la oferta, es poco probable que Lit se enfrente a una saturación de la oferta o a una gran inflación. Todo ello es positivo para la apreciación del precio a largo plazo. Por supuesto, tampoco podemos olvidar que el precio es una función de la oferta y la demanda, y es probable que la demanda sea bastante fuerte para Lid. ¿Qué me hace pensar esto?

Bueno, en primer lugar, desde la perspectiva del diseño del protocolo, cuanto más se utilice la red, más demanda de utilidad habrá para el token. Cuanta más demanda haya para poner en juego las identidades para pagar los cálculos y para ser utilizadas como garantía para los servicios de préstamo. No hay proyectos que actualmente proporcionen servicios similares a Litentry, así que cuando finalmente se lance habrá una amplia demanda de estos servicios de identidad descentralizados en el espacio DeFi. Es lógico. También hay que tener en cuenta la demanda de inversión.

Lit ya ha superado un gran obstáculo al cotizar en una bolsa de primer nivel. Desde que Lit salió a la luz, el pool de lanzamiento y el token comenzaron a cotizar. El volumen se disparó como un loco junto con el precio.

Hubo mucha demanda de hodl' Lit y creo que es probable que esto gane impulso. Esto se debe a varios factores. En primer lugar, hay que tener en cuenta que se trata de un proyecto que se lanzará como Parachain en Polkadot. Basta con echar un vistazo al entusiasmo que suscitan los proyectos basados en Polkadot para hacerse una idea de la cantidad de demanda sin explotar que hay aquí. Hay una sensación creciente de que los tokens DeFi basados en Polkadot podrían ver una apreciación de precios similar a la que vimos en el ecosistema de Ethereum en 2020. Mientras el mercado lo crea, es probable que el impulso de los precios aumente. Por último, también es importante señalar el hecho de que Litentry tiene sus raíces en Asia. Por ejemplo, el equipo es de China y la mayoría de los patrocinadores de capital riesgo son de países como China y Vietnam. Los inversores de estas regiones tienden a estar más locos por el blockchain y las criptomonedas que los de Occidente. Esto significa que una vez que Litentry se lance, podría haber un inmenso frenesí de compradores en esta región para recoger los tokens.

Lo que realmente me atrajo de Litentry fue el problema que están resolviendo en el espacio DeFi. No había visto ni oído hablar de un proyecto que ofreciera verificaciones similares basadas en la identidad en ningún ecosistema.

Ser capaz de verificar la identidad única de las direcciones de los monederos, es la clave que falta para que DeFi ofrezca muchos de los otros servicios en los que se basan las finanzas centralizadas. Los préstamos con garantía y la delegación de créditos son características que aún no están en el menú de DeFi. No hasta que podamos verificar las identidades e incluso entonces, DeFi carece actualmente de los mecanismos para identificar plenamente el grado de descentralización de sus redes.

Todos estos problemas pueden resolverse con la tecnología de Litentry. Además, dado que podría ser actualizado a un Polkadot Parachain, esto significa que se construirá sobre uno de los ecosistemas más emocionantes en el espacio criptográfico ahora mismo. Escalable, interoperable y altamente funcional. Otra cosa que me gustó mucho del equipo de Litentry es lo mucho que se ha trabajado ya en la idea.

A diferencia de muchos otros proyectos en fase inicial que tratan de recaudar millones en nada más que un libro blanco, estos chicos ya han construido numerosos conceptos y empujados cientos de líneas de código. Todo ello es completamente libre de explorar en sus repositorios de github. También debo señalar que Litentry tiene una hoja de ruta realmente emocionante, tanto para su desarrollo en tiempo de ejecución como para su aplicación móvil, así que hay mucho que esperar en el frente tecnológico durante los próximos meses. Aparte de eso, me gusta la tokenómica de Lit. Parece que han intentado cubrir todas las bases y crear un valor de utilidad real para el token. A esto hay que añadir el hecho de que el crecimiento de la oferta es relativamente suave y que hay un calendario razonable de desbloqueo de tokens. Por supuesto, también ayuda el hecho de que haya una gran demanda de hodl' Lit. Hay una fuerte comunidad que ya se ha unido a ella y, como sabemos, el compromiso de la comunidad ayuda a impulsar el proyecto. ¿Hay riesgos?

Por supuesto, siempre los hay. Existe el riesgo de que el proyecto no se lance en un Parachain. Existe el riesgo de que un protocolo de la competencia lo haga mejor. Existe el riesgo de que se produzca un fallo de seguridad en el futuro que pueda exponer información personal en cadena. Pero todos estos riesgos son conocidos y se han incorporado a mi análisis de riesgo-recompensa.

Pero recuerde que tendrá que decidir si se ajusta a su perfil de riesgo personal.

9

Criptodivisas

LAS CRIPTOMONEDAS HAN GANADO una inmensa popularidad en la última década. Han sido respaldadas por los bancos centrales, las instituciones financieras mundiales e incluso los gigantes de las redes sociales. Su popularidad se ha basado en sus rasgos y características distintivas.

Una criptodivisa es una moneda virtual que es esencialmente un software creado mediante la realización de complejos cálculos matemáticos dictados por un código.

El proceso funciona a través de una red en la que participan varios ordenadores situados en todo el mundo y está protegida por una tecnología conocida como blockchain.

Como la moneda está protegida por criptografía digital, es única en el sentido de que no puede ser falsificada ni gastada dos veces. Una de las principales razones del aumento de la popularidad de las criptomonedas es que, a diferencia del resto de monedas, éstas no son emitidas por ningún banco central. Esto hace que las criptodivisas sean inmunes a cualquier manipulación por parte de gobiernos soberanos o bancos centrales. Las criptodivisas están protegidas mediante la tecnología blockchain de tal manera que sus transferencias son posibles directamente entre dos piratas sin necesidad de un tercero. Las transferencias de criptodivisas tardan varios minutos, pero tienen un coste extremadamente bajo.

Debido a la forma en que están diseñadas las criptodivisas, son escasas por naturaleza y cada nueva moneda minada requiere más recursos. Esto contribuye a un aumento constante de los precios que los inversores han atribuido a la posibilidad de utilizar las criptodivisas como cobertura contra la inflación.

Nota: Una inversión en criptodivisas es extremadamente especulativa, y no se recomienda invertir más del 0,5-1% de su cartera en cripto.

Bitcoin como clase de activo e inversión

Los Bitcoins son un sistema de pago único y una forma de recompensa por un proceso conocido como minería, y se utiliza principalmente en el intercambio de productos, servicios o monedas. Los Bitcoins son los pioneros de un sistema de pago descentralizado entre pares, sin la participación de terceros. Los Bitcoins fueron la primera ejecución de un concepto bajo el nombre de "criptodivisa" que se especuló y salió a la luz en una lista de correo de cypherpunks en 1998. La idea propuesta suponía una nueva forma de dinero que utilizaba la criptografía (en lugar de intermediarios o una autoridad central) para administrar sus transacciones y creaciones. El diseño se implementó finalmente en 2009, después de que el software de bitcoin se aplicara como código abierto (OSS). Su popularidad ha crecido en la última década mientras los desarrolladores siguen trabajando en su desarrollo.

Los bitcoins no son propiedad de ninguna autoridad central y son más bien controlados por los usuarios de bitcoin de todo el mundo. El desarrollo de Bitcoin se limita a mejorar la tecnología sin permitir un cambio en el protocolo de bitcoin.

Los usuarios pueden utilizar cualquier versión o software, pero para mantener la compatibilidad entre ellos deben aplicarse reglas similares para una red criptográfica uniforme.

La red de fondo de Bitcoins es mucho más complicada de lo que los usuarios ven como un mero programa informático. Comparte la tecnología "blockchain", que es un libro de contabilidad público. El libro de contabilidad permite al ordenador del usuario verificar la viabilidad de cada bitcoin en cada transacción que se realiza. Las firmas digitales protegen cada transacción de Bitcoin, permitiendo a los usuarios utilizar sus direcciones de Bitcoin para intercambiar Bitcoins. Además, la minería de Bitcoin se refiere al proceso que produce más bitcoins resolviendo un rompecabezas computacional, recompensando al minero con bitcoins a cambio.

El sistema de dinero electrónico es reconocido como una representación estándar de una criptodivisa y resulta ser la moneda digital más popular. Los bitcoins son utilizados por personas de todo el mundo. Solo en 2017 hubo hasta aproximadamente 5,8 millones de usuarios de carteras de criptodivisas, de los cuales una gran parte eran usuarios de bitcoins, según una investigación realizada por la Universidad de Cambridge.

El valor de Bitcoin se aprecia constantemente a largo plazo, aunque ha experimentado un nivel excepcional de volatilidad a lo largo de los años. Los Bitcoins que podían comprarse por 0,0008$ a 0,8$ por Bitcoin están ahora valorados en 39.334,20$ cada uno (8 de enero de 2021).

El Bitcoin ganó su valor debido a su creciente demanda y su limitada oferta. La correlación negativa entre la oferta y la demanda de bitcoins es lo que hace subir el precio.

· · ·

Con el tiempo, los bitcoins han madurado en la industria de las criptomonedas, ganando la atención de los inversores, ya que cada vez más se considera un derivado creíble que puede utilizarse como cobertura contra la inflación.

Los bitcoins poseen la mayor capitalización de mercado de todas las criptodivisas actuales. La mayoría de los economistas consideran que los bitcoins son una clase de activos de alto rendimiento por las características únicas que posee. Sin embargo, sigue sin haber un consenso sobre la naturaleza de los bitcoins.

Con la creciente popularidad de los bitcoins, así como el aumento de su valor debido a la oferta limitada, los inversores están más convencidos que nunca de poseer bitcoins. Las decisiones de inversión pueden depender en gran medida de la naturaleza de los bitcoins, por lo que es esencial establecer un consenso sobre si los bitcoins representan una nueva clase de activos.

Los bitcoins están siendo regulados en varias jurisdicciones de todo el mundo que cumplen con las leyes locales e internacionales y permiten a los inversores comprar bitcoins a través de intercambios establecidos o plataformas de criptografía de forma legal.

. . .

La rentabilidad de los bitcoins y la relación riesgo-recompensa asociada a ellos requiere conclusiones extraídas de enfoques estadísticos. Los bitcoins han mostrado una correlación insignificante con otros rasgos de la clase de activos. No se asocia con las acciones o las materias primas habituales, como ocurre en el mundo normal.

A pesar de que los bitcoins son relativamente nuevos en el mercado, los rendimientos superan sistemáticamente las cifras del año anterior desde que comenzó la criptografía y ahora se consideran cada vez más como una cobertura adecuada contra la inflación.

Los bitcoins son una inversión ideal principalmente por su oferta fija que almacena valor y contiene suficiente potencial para apreciarse a largo plazo. Los bancos de inversión y los inversores institucionales están apostando constantemente por las criptodivisas.

Litecoin y Ethereum

Las criptodivisas no se limitan al uso de bitcoins. Hay varias otras opciones de inversión por las que los inversores optan en función de su estilo de negociación y sus fondos. Algunas alternativas destacadas a las criptodivisas, aparte de los bitcoins, son Ethereum y Litecoin.

• • •

Ethereum

Ethereum es una plataforma de software diseñada en 2015 para servir al propósito de apoyar los contratos descentralizados y el dinero digital. Con una capitalización de mercado de 69.604.579.809 dólares (1/10 del tamaño de los bitcoins), Ethereum es la alternativa más cercana a los bitcoins que se puede encontrar.

Se especula que Ethereum tiene el potencial de revolucionar la protección de datos, la industria financiera y las redes sociales. También afirma que puede asegurar, codificar y comerciar con cualquier cosa. Ha obtenido el apoyo de importantes organizaciones financieras como Microsoft Azure y Amazon Web Services.

Litecoin

Otra opción muy versada en el mercado de las criptomonedas es Litecoin, denominada la plata del oro de bitcoin. Litecoin es un software de código abierto y descentralizado que es una forma de dinero digital.

Las tasas de transacción de Litecoin son relativamente más bajas, teniendo en cuenta que requiere recursos mínimos. Litecoin también supera al bitcoin con una velocidad de procesamiento cuatro veces mayor, lo que lo convierte en una opción ideal en términos de eficiencia y costes.

El futuro de Litecoin representa una inversión potencialmente buena para la mayoría de los inversores y se considera una opción cercana a los bitcoins.

Desempeño histórico frente a la inflación

En 2009, cuando se inició el comercio de bitcoins, la criptodivisa digital sufrió una gran volatilidad. Las fluctuaciones en el precio se observaron en 2010, cuando el valor de un solo bitcoin pasó de 0,0008 dólares a 0,8 dólares.

Desde entonces, los bitcoins han experimentado importantes caídas y subidas. Mt.Gox se convirtió en un mercado de bitcoins, con 150.000 bitcoins intercambiados cada día. Sin embargo, debido a su naturaleza volátil y a las especulaciones de fraude, la bolsa fue retirada en 2013. En 2020, los bitcoins fueron capaces de recuperar las pérdidas sufridas anteriormente y poseen una capitalización de mercado de más de 732.000 millones de dólares a partir del 8 de enero de 2020.

Ahora se negocia en numerosos intercambios autorizados y creíbles como Kraken, Coinbase y Gemini.

. . .

Los Bitcoins están cuidadosamente diseñados con un enfoque deflacionario, además de ser una unidad que almacena valor.

Representa un estándar de oro similar que crea oportunidades para que los usuarios e inversores de criptomonedas se eleven por encima de los efectos adversos de la inflación.

Los bitcoins son populares por su increíble potencial para proporcionar a las industrias una protección contra la inflación y se presentan como una cobertura contra la inflación, animando a los inversores a poseer más bitcoins. Los inversores magnates se refieren a los bitcoins como el nuevo oro del siglo XXI y los consideran naturalmente inmunes a los impactos de la inflación.

El rendimiento de los bitcoins frente a la pandemia mundial nos dice mucho sobre el potencial de los bitcoins frente a la inflación. Las medidas de COVID-19 habían conducido a la aplicación de una política monetaria inflacionista, que fomentaba una oferta agresiva. Las medidas de bloqueo habían dado lugar a áreas clave y alimentos básicos, afectando en gran medida a las empresas de todo el mundo (Similar a la década de 1970, cuando los EE.UU. se encontró con el desempleo masivo, lo que llevó al oro a ser la moneda salvadora contra la inflación).

. . .

El Bitcoin resulta ser una cobertura ideal contra la inflación en este escenario. Los bitcoins poseen un rasgo inflacionario natural con una oferta fija de 21 millones de bitcoins. Este límite es lo que hace subir el valor de los bitcoins y los hace inmunes a la inflación monetaria.

La escasez de oferta frente a la creciente demanda de bitcoins supone un aumento del precio futuro por unidad que está llamando la atención de los inversores de todo el mundo.

Perspectivas como cobertura contra la inflación

La oferta limitada de bitcoins crea una cobertura contra la inflación, única respecto a otras clases de activos, ya que es inmune a los cambios del entorno político de un país. Los inversores que compran bitcoins no pretenden contribuir a una medida deflacionista, sino que los utilizan como cobertura contra las consecuencias de la inflación. Sin embargo, a pesar de los beneficios, las criptomonedas son especulativas y muy volátiles. En el peor de los casos, los inversores pueden incluso perder todo su dinero en lugar de ganar algo.

Aparte de la inflación, los bitcoins también suponen un obstáculo frente a la alteración de la ley y el orden debido a la inestabilidad política. Las perspectivas de los bitcoins buscan un potencial en la prevención de factores adicionales que pueden desencadenar más inflación.

Los estados policiales que practican la incautación de riqueza privada y el cierre de cuentas bancarias debido a gobiernos poco fiables pueden minimizarse con los bitcoins. Los sistemas corruptos y las devaluaciones que protegen las exportaciones son algunos de los factores desencadenantes de la inflación contra los que actúan los bitcoins.

10

El peor escenario: la hiperinflación

YA HEMOS HABLADO AMPLIAMENTE de la inflación a lo largo de este libro. Se trata de una reducción del poder adquisitivo de una moneda. La hiperinflación es una versión acelerada de la inflación. Cuando la tasa de inflación es excesivamente alta, normalmente superior al 50%, se considera que una economía experimenta una hiperinflación. Erosiona rápidamente el poder adquisitivo de una moneda local, eleva significativamente los precios de los bienes y hace que el valor de los ahorros caiga drásticamente. Suele producirse en circunstancias atenuantes, como una guerra o un fracaso estrepitoso de la política económica. Debido a que la tasa de inflación aumenta rápidamente en tiempos de hiperinflación, los índices suelen medirse diariamente. Estas tasas diarias se sitúan a veces entre el 5% y el 10%.

Cuando el IPC mensual supera el 50%, una economía experimenta una hiperinflación.

. . .

¿Qué causa la hiperinflación?

La hiperinflación suele estar causada por una oferta monetaria excesiva o una falta de confianza extrema en la moneda de un país por parte de sus ciudadanos y socios comerciales. La razón más común de la hiperinflación es cuando un banco central comienza a imprimir cantidades excesivas de dinero por una u otra razón. Esto suele ser el resultado de una depresión económica. Una depresión económica es diferente a una recesión en el sentido de que dura mucho más tiempo, normalmente un par de años. Por ello, el banco central decide bombear más dinero en la economía para estimular la actividad económica y salir de la depresión. Sin embargo, a veces el aumento de la oferta monetaria no se corresponde con un aumento proporcional de la producción económica.

Debido a la depresión subsiguiente, las empresas aumentan los precios de los bienes y servicios para seguir siendo rentables. Estos aumentos son satisfechos por las compras porque la gente tiene el dinero para comprarlos.

Como el banco central sigue imprimiendo más dinero, los consumidores siguen comprando productos con precios cada vez más altos. Como consecuencia, se produce la hiperinflación.

. . .

Otra razón que provoca la hiperinflación es cuando la población local no tiene la misma confianza en el valor de una moneda que antes. Cuando esto sucede, un ambiente de baja confianza constante se extiende por la población.

La gente empieza a comprar bienes en mayor cantidad que antes en previsión de la subida de precios. Esto hace que más gente empiece a comprar aún más cosas por miedo a quedarse sin bienes y servicios esenciales. Esto hace que los precios se descontrolen en ocasiones y se produzca una hiperinflación.

Opciones ante la hiperinflación

Si alguna vez se encuentra en un país que está experimentando una hiperinflación, o que podría hacerlo pronto, hay varias medidas que puede tomar para protegerse.

Cuando la hiperinflación erosiona considerablemente el valor de la moneda, los productos básicos se encarecen.

Los artículos más demandados, como los alimentos, el agua, el combustible y los servicios públicos, suelen ser los que más suben de precio. Poseer activos que produzcan estas materias primas, o poseerlas directamente, es una excelente

manera de aislarse de los efectos perjudiciales de la hiperinflación.

Muchas de las estrategias que se enumeran a continuación
proceden de las personas que experimentaron la hiperinflación en la República de Weimar tras la Primera Guerra
Mundial, que fue el último caso de hiperinflación en un país
desarrollado.

Poseer tierras de labranza o un jardín doméstico

Hay varios activos a los que los inversores pueden recurrir
cuando invierten para equilibrar los efectos de la inflación.
El oro es un activo popular y eficaz a tener en cuenta.

Sin embargo, invertir en una materia prima como la
propiedad de tierras de cultivo o de un jardín doméstico
puede resultar más rentable que otras clases de activos.

En otras palabras, el aumento de los precios de los alimentos
y otros productos orgánicos desempeña un papel importante
en la inflación. Para beneficiarse de ello, los inversores
invierten en tierras de cultivo que se rentabilizan mejor
durante la inflación. Unos precios más altos aumentarían el
valor de las cosechas, lo que permitiría al agricultor
compensar los mayores gastos de alquiler de la tierra.

. . .

Los inversores están más inclinados que nunca a poseer huertos familiares o tierras de labranza, ya que la demanda de alimentos sigue aumentando mientras la oferta de tierras de labranza disminuye considerablemente. Invertir en tierras de cultivo es rentable, ya que ofrece rendimientos constantes según los datos históricos y constituye una cobertura eficaz contra las medidas de inflación.

Las tierras de labranza son como el oro que puede rendir.

Esta inversión permite a los inversores estar más expuestos a las oportunidades de obtener beneficios financieros. Las valiosas materias primas que se producen a partir de las tierras de labranza dan una ventaja sobre la inversión en otras opciones disponibles.

Convertir todo en moneda extranjera o en metales preciosos

Durante la hiperinflación, el valor medio de la moneda de un país disminuye notablemente. Convertir el efectivo existente o poseer moneda(s) extranjera(s) o metales preciosos es la opción inteligente por la que optar durante la hiperinflación. Poseer activos de alto rendimiento puede servir de cobertura contra la hiperinflación y sus graves consecuencias. En algunos casos, puede ser incluso muy rentable. Los inversores han estado utilizando la táctica de invertir en metales preciosos para prevenirse de los riesgos y repercusiones financieras adversas.

Los precios de los metales preciosos suben más durante la inflación y son relativamente seguros en comparación con otras clases de activos. Los inversores que perciben la llegada de la hiperinflación responden rápidamente invirtiendo en metales como el oro y la plata.

A medida que el valor de la moneda disminuye, el valor de los metales preciosos aumenta, mostrando una correlación negativa. Estos metales equilibran los efectos de la inflación, dando a los inversores una ventaja incluso en tiempos de crisis financiera.

Del mismo modo, la moneda local puede perder rápidamente su valor, y los inversores suelen recurrir a almacenar el valor de su dinero convirtiendo el efectivo o los activos líquidos en monedas extranjeras. Convertir todo en moneda extranjera puede proteger a los inversores de los impactos de la moneda devaluada, es decir, de la pérdida de su valor monetario actual. Los tipos de cambio pueden variar en función de las diferentes tasas de inflación entre las numerosas divisas disponibles.

Aplazamiento del pago de la deuda

· · ·

Con la hiperinflación, es de esperar que se produzca un descenso del valor medio de la moneda de un país que está atravesando una crisis financiera. El dinero actual tiene más valor que el que tendrá en el futuro.

El valor de la deuda disminuye durante la hiperinflación; sin embargo, puede resultar bastante difícil pagar las deudas durante la hiperinflación. Esto se debe a que la inflación suele tener poco o ningún efecto sobre los ingresos. Al disminuir el valor de los ingresos, los individuos gastarán más en bienes de alto valor y tendrán menos ingresos disponibles para pagar las deudas. Pero retrasar estos pagos será mucho más beneficioso, ya que la deuda valdrá cada vez menos a medida que el valor de la moneda local siga bajando.

Una crisis financiera animaría a las empresas a retrasar los pagos comprando suministros a crédito. Estas empresas prefieren retrasar sus fechas de pago para contraer una "deuda menos valiosa" durante la hiperinflación. No obtener un crédito para una empresa durante la hiperinflación puede ser tan grave como dejarla fuera del negocio. También se puede hacer lo mismo y tratar de retrasar el pago de toda la deuda que sea posible. Esto se debe a que será mucho más fácil pagar la deuda en el futuro, ya que el valor de la moneda en la que se tomó la deuda se reduciría considerablemente. Si además se invierte en materias primas u otros activos para protegerse de la hiperinflación, se podrá pagar la deuda con mucha más facilidad en el futuro.

. . .

Cómo financiarse a largo plazo

Cuando una economía experimenta una hiperinflación, los bancos centrales suelen subir los tipos de interés para controlar la inflación reduciendo la oferta monetaria. Esto hace que los préstamos sean caros a corto plazo. Sin embargo, lo importante es tener en cuenta que, dado que todos estos préstamos tendrán que devolverse en la moneda local, los préstamos valdrán mucho menos en el futuro y, en consecuencia, serán mucho más fáciles de pagar. Esto se debe a que la moneda habrá perdido significativamente su valor, por lo que será mucho más fácil adquirirla con la venta de bienes o propiedades. Por ejemplo, si contratas una hipoteca en un banco en un periodo de altísima inflación, tus pagos mensuales serán en la moneda local. Sin embargo, lo más probable es que el valor de su propiedad se revalorice mensualmente y valga muchas veces más en el momento del vencimiento de la hipoteca. Esto se debe a que los pagos se realizarán en la moneda local, ahora muy rebajada. Una hipoteca es un ejemplo. También puedes adoptar otras formas de financiación a largo plazo. La idea básica es comprar productos o activos que tengan el mayor potencial de apreciación de su valor a lo largo del tiempo, a medida que el valor de la moneda en la que se ha tomado el préstamo siga bajando.

El riesgo de intervención gubernamental

. . .

Durante una experiencia traumática como la hiperinflación, existe una enorme presión sobre el Gobierno para que mitigue el dolor debido a la hiperinflación. Este elemento es muy imprevisible. Por ejemplo, la financiación a largo plazo de los apartamentos podría hacer pensar que es una gran idea ser propietario durante la hiperinflación. Sin embargo, durante la hiperinflación de la República de Weimar, los alquileres fueron limitados por el Gobierno, lo que llevó a muchos propietarios a la quiebra.

Durante la hiperinflación en Venezuela, es natural que los precios del trigo y la soja suban. Sin embargo, el Gobierno impuso controles de precios que provocaron escasez de alimentos.

En Argentina, el Gobierno prohibió el cambio de pesos argentinos por moneda extranjera.

La naturaleza anónima y descentralizada de Bitcoin ha resultado ser una ventaja para los poseedores de Bitcoin en Venezuela.

Los venezolanos han adoptado ampliamente el uso de Bitcoin en su vida diaria a través de las redes P2P (Peer-to-Peer). Otros países con problemas de alta inflación (como Zimbabue) han tenido dificultades para hacerlo.

. . .

Los elementos desconocidos de la hiperinflación hacen que la diversificación sea especialmente importante. Nunca se sabe qué es un activo durante la hiperinflación y qué no lo es.

Conclusión

Sectores que rinden más durante los periodos inflacionistas

Hemos hablado largo y tendido sobre los tipos de sectores que tradicionalmente se han comportado muy bien durante los periodos inflacionistas. Estos sectores pueden remontarse a los fundamentos en los que se basa la inflación. Estos fundamentos dictan que los sectores que se ocupan de bienes que se demandan durante todo el año tienen muchas probabilidades de obtener buenos resultados en épocas de inflación. La razón es su capacidad para trasladar el aumento del coste de sus materias primas directamente a los consumidores, porque la gente siempre necesita lo que venden. Estos sectores suelen ser los productores de alimentos y bebidas, las empresas agrícolas y los proveedores de servicios sanitarios.

Otros sectores que funcionan muy bien durante los periodos inflacionistas son los que producen o prestan servicios a las empresas de servicios públicos y a los proveedores de energía. Estos sectores experimentan una saludable apreciación de sus precios de las acciones en épocas de alta inflación porque están directamente relacionados con las necesidades energéticas básicas de la población.

La importancia de la diversificación en una cartera

Aunque hemos hablado de numerosas formas de proteger con seguridad sus finanzas contra la inflación, le sugerimos que no ponga todos los huevos en la misma cesta. La razón principal es que, aunque todas las vías que hemos comentado son bastante eficaces para contrarrestar los efectos de la inflación, si se utilizan conjuntamente, sus efectos pueden ser más seguros.

Hay innumerables combinaciones que puede probar para crear una cartera diversa que proteja sus inversiones. Esta es mi asignación favorita.

10% Metales preciosos

15% Materias primas

20% Inversiones tecnológicas de alta calidad

20% Acciones extranjeras (desarrolladas y emergentes no estadounidenses)

10% Bienes inmuebles (REIT's, REIM's)

10% Especulación (criptomonedas / acciones mineras)

15% Dinero en efectivo en múltiples monedas/bonos indexados a la inflación

Hay algunas razones por las que esta combinación específica es ideal.

• En primer lugar, porque tener participaciones en materias primas, inversiones tecnológicas y acciones extranjeras asegura que más del 70% de tu cartera sea altamente líquida. Esto significa que puedes convertir tus participaciones en y desde efectivo de forma rápida y sencilla.

• En segundo lugar, la inversión en metales preciosos, materias primas y bienes inmuebles tiene casi garantizado un buen rendimiento durante los periodos inflacionistas, incluso si los demás activos de su cartera no lo hacen o tardan en alcanzar a los demás en términos de revalorización.

• En tercer lugar, porque invertir el 10% en instrumentos especulativos proporciona una pequeña exposición al riesgo a su cartera que puede producir resultados más que la media, pero incluso si tiene un rendimiento inferior, seguirá siendo sólo el 10% o menos, lo que significa que más del 90% de su cartera será relativamente más seguro y pasará a garantizar que toda la cartera obtenga un rendimiento decente.

Y, por último, una inversión del 10% en bienes inmuebles proporciona una fuerza muy necesaria a la cartera, ya que los bienes inmuebles casi siempre se comportan bien a largo plazo. Como no es tan líquido como los demás, será menos probable que de negociar con más frecuencia, lo que garantizará que su cartera tenga también un activo que se revalorice a largo plazo.

Con respecto a la devaluación, podemos concluir que:

A) Todas las posibilidades que tiene una persona o institución de colocar sus recursos, tienen riesgos de diferente magnitud; cuando las operaciones son menos líquidas y de largo plazo, normalmente son retribuidas con altos rendimientos. Ej.: las acciones de las empresas.

B) Otras operaciones menos rentables tienen la característica ofrecida por el emisor de los títulos, de poderlos adquirir en cualquier tiempo (liquidez), gozar, a veces, del respaldo del Banco Central o de garantía hipotecaria, y tener además un rendimiento constante.

Todas las alternativas de inversión están sujetas a riesgos, dependiendo éste de las condiciones que puedan llamarse inherentes a la empresa y de las condiciones sociales y económicas del país.

De los mayores riesgos a que se somete un inversionista, son los que conciernen a las fluctuaciones monetarias, sobre todo cuando éstas van acompañadas de variaciones en los tipos de cambio, por el desencadenamiento de efectos inesperados que ponen en peligro los rendimientos y el propio capital. Por eso, cuando se producen las variaciones en los tipos de cambio en un país, ellas van precedidas de fuertes movimientos de capitales, algunas veces con el propósito de protegerse y en otras ocasiones por motivos especulativos.

De todas formas, cuando el panorama en el resto del mundo no es muy claro, cuando el público no puede procurarse adecuada información acerca de la situación económica en el extranjero, cuando hay temores fundados en modificaciones de los tipos de cambio, es preferible invertir —en bienes raíces, valores o préstamos dentro del país, aun cuando los rendimientos esperados sean más bajos, a los ofrecidos en la extranjera.

La mayor garantía que ofrece la inversión en bienes raíces consiste en garantizar la existencia misma del capital, cuando se producen situaciones inestables dentro de la economía nacional.